D1735932

Peter Voss
Liebe leicht gemacht
oder
Wie man Frauen
wirklich anmacht

PANAVISE LTD
PUBLISHERS

Veröffentlicht im Verlag PANAVISE LTD.
London, England Oktober 1980

Copyright by Peter Voss, Zürich

Printed in Germany
ISBN 0-907384-00-5

VORWORT

Das ist Ihnen auch schon oft passiert?

Sie gehen eine Straße entlang. Den Kopf voller Sorgen. Sie rätseln, woher Sie die nächste Rate für Ihr Auto nehmen sollen, und warum Ihr Fußballverein ausgerechnet das Heimspiel verloren hat - und plötzlich sehen Sie ein Mädchen.

Nicht irgendein gewöhnliches Mädchen und auch keine Traumfrau - aber eben d a s Mädchen. Sie ist so sexy und gutaussehend, daß Sie tatsächlich loslaufen, um sie einzuholen.

Ich muß einfach mehr von ihren tollen langen Beinen sehen, von ihrem vollendet gerundeten Busen und ihrem süßen, strammen Po. - Eine Sekunde lang denken Sie sogar, Sie müßten sie umgehend vergewaltigen.

Doch dann nimmt das Verhängnis seinen Lauf: Sobald Sie sich ihr nähern, beginnt Ihr Herz zu rasen. Ihr Kopf arbeitet fieberhaft: Was sage ich ihr bloß? Wodurch kann ich mich jetzt interessant machen, so interessant, daß sie mir zu Füßen liegt? Worauf wird sie reagieren? Ich muß irgendetwas anstellen, damit ich sie küssen und beißen kann. Ich will sie umarmen und nackt ausziehen. Aber ich mache mich ja lächerlich.

Soll ich mich etwa vor ihr auf die Knie werfen, ihr mein Sparbuch versprechen oder vielleicht mein Auto, oder die komplette Tennisausrüstung? Warum kann ich sie nicht einfach an ihren langen Haaren in meine Höhle schleifen?

Nichts, Ihr Kopf, lieber Leser, ist absolut leer. Sie wissen einfach nicht, was Sie tun sollen.

Jetzt gehen Ihnen tausend Gedanken durch den Kopf: Vielleicht findet sie mich zu klein oder meine Ohren zu abstehend. Um Gottes Willen und wenn sie meine kahle Stelle entdeckt! Sie fürchten nur eins, daß es Ihnen nämlich an Nerven fehlt, um überhaupt etwas zu sagen. - Sie wird mich bestimmt ignorieren. Nein, viel schlimmer, sie wird sagen - verschwinden Sie - oder androhen, mich dem nächsten Polizisten zu übergeben. Oder beides.

Also kommt es, wie es kommen muß: Sie sagen, wenn Sie das Mädchen endlich eingeholt haben, - nichts, garnichts. Sie starren sie nur an und dürfen dann dabei zusehen, wie sie um die Ecke biegt und für immer aus Ihrem Leben verschwindet.

Und - plötzlich wird Ihnen erschreckend klar, daß Sie niemals ihren Po tatscheln oder an ihrem Ohr knabbern dürfen und daß Sie kein einzigesmal diese knackigen Brüste begierig umfassen dürfen.

Tage oder Wochen später müssen Sie dann plötzlich an sie denken. Sehr oft. Mehr als Ihnen lieb ist. Und dieser Gedanke macht Sie völlig verrückt. Warum habe ich sie nicht kennengelernt? Warum war ich bloß so feige? Wenn ich doch nur irgendetwas gesagt hätte, damit sie mich wenigstens bemerkt hätte. Es müßte einen kleinen Trick, eine magische Technik geben, so überzeugend, daß das Mädchen mitgehen, Sie küssen und lieben würde, und zu allem bereit wäre.

Leider gehört mehr dazu, als eine kleine, magische Technik, um ein Mädchen anzusprechen. Wahrscheinlich gibt es tausende davon und in diesem Buch finden Sie genau die richtige für jede Situation.

Also lesen Sie sorgfältig und dann ...., viel Erfolg!

DIE VERPASSTE CHANCE

Wie man mit einer Frau umgeht, wenn man ihr einmal vorgestellt worden ist, das wissen fast alle Männer. Und es ist auch kein Kunststück, wenn Sie bei Tante Gerda hereinschneien - die Heiratsvermittlerin Ihrer Familie - und treffen dort ganz zufällig ein traumhaftes, knackiges Mädchen aus der Nachbarschaft. Natürlich, dann nimmt das Glück seinen Lauf. Vorausgesetzt, Sie haben eine solche Tante, die so etwas liebenswürdigerweise für Sie arrangiert.

Die wirklichen Probleme beginnen ja erst dann, wenn Sie einer Frau vorgestellt werden wollen und es ist absolut keiner da, der Sie vorstellen könnte. Da steht das Mädchen Ihrer Träume - aber Sie kennen es überhaupt nicht und sehen nur den eiskalten, teuflischen Glanz in ihren Augen und es gibt keine Möglichkeit sie anzusprechen. Womit läßt sich diese Scheu überwinden, wie können Sie die Hürde nehmen, ohne das Mädchen gleich zu verscheuchen?

Ich werde Ihnen schildern, was ich getan habe, um das Problem zu lösen. Ich gebe es natürlich nur ungern zu, aber ich bin ein ganz gewöhnlicher Mann. Ich sehe weder aus wie ein Millionär, noch wie Robert Redfort, und die einzige Frau, die meinen begrenzten Charme je bemerkt hat, ist meine Mutter.

Nun hat mich aber die Tatsache, daß ich ein sehr durchschnittlicher Typ mit den üblichen Fehlern bin, nicht davon abgehalten, mich ständig in überdurchschnittliche Frauen zu verlieben. Und das schlimmste ist, ich bin verrückt nach ihnen. Diese hunderttausend begehrenswerten Frauen in den Restaurants und Aufzügen, im Kino und auf der Straße, gehen mir nicht mehr aus dem Kopf. Mein ganzes Leben lang habe ich darüber nachgedacht, wie es möglich wäre, wenigstens einen Bruchteil davon kennenzulernen.

Der Wendepunkt kam vor einem Jahr, als ich meine Chance bei einer Rothaarigen verpasste. Ich saß in einem Bus. Mir gegenüber prangte eine Sensation von einer Rothaarigen mit großen, hellgrünen Augen und ein Paar Brüsten, die mich beinahe vom Sitz rissen. Sie schienen mich förmlich anzuflehen, sie zu streicheln. Ich starrte die Rothaarige an. Sie sah mich an. Wir beide schauten weg. Dann sah sie mich an. Ich schaute sie wieder an. Und wir beide schauten weg. Es war wie ein Bann, ein elektrischer Schlag, der einen völlig lähmt. Ich hätte sie so gern berührt und ich wußte genau, daß ich irgendetwas tun müßte. Diese Spannung war da und schrie nach irgendeiner Aktion.

Aber ich konnte nicht. Ich war wie gelähmt. Ich fühlte mich unsicher und ängstlich und wußte nicht, was ich sagen sollte. Es fiel mir einfach nichts ein. Bevor mir das alles klar wurde, stoppte der Bus. Das Mädchen stieg aus. Und das war das letzte, was ich jemals von ihr sah. Ich war am Ende. Für einen viel zu kurzen Moment flirtete ich mit einer Göttin. Und ich war nicht in der Lage, das Ende aufzuhalten. Nur weil ich nicht agiert hatte, war das Glück so schnell verschwunden. Ich war so ärgerlich über mich selbst, daß ich mir schwor, eine solche Pleite nicht nochmal zu erleben.

Aber wie sollte ich etwas ändern? Womit konnte ich meine paralytische Angst überwinden? Woher sollte ich wissen, wie man in solchen Situationen richtig handelt. Da kam mir die Idee: Warum fragst Du nicht einfach die Mädchen selbst, was man so anstellen muß, um sie anzumachen. Warum sollte ich es nicht bei denen versuchen, die es am besten wissen müßten. Und das war eine gute Idee. Also interviewte ich die Mädchen, die ich kannte. Und zwar die hübschesten von allen, ganze 20 Stück. Ich fragte sie danach, was ich wohl machen könnte, wenn ich sie noch nie gesehen hätte. Mit anderen Worten, ich wollte von Ihnen erfahren, wie ich sie am besten »anmachen« könnte.
Und die Antworten waren faszinierend. Ich habe sie alle in diesem Buch gesammelt, um Ihnen mitzuteilen, was bei Mädchen wirklich Erfolg hat. Denn sie erzählten mir wirklich greifbare Dinge, die man als Mann sagen oder tun sollte, wenn man daran interessiert ist, Mädchen kennenzulernen. Und die Hinweise helfen tatsächlich.

Sie können mir glauben, denn ich bin auf diesem Gebiet inzwischen sehr erfolgreich. Und vergessen Sie nicht, ein ganz gewöhnlicher Mann wie ich, hat es wirklich dadurch gelernt, wie man Mädchen richtig anmacht. Deshalb werde ich Ihnen dabei helfen, ein Experte auf diesem Gebiet zu werden.

DIE BERÜHMTEN ZWANZIG

Bevor Sie lernen können, wie man Mädchen anmacht, möchte ich Ihnen diese 20 Frauen, die ich für dieses Buch befragt habe, gewissenhaft vorstellen.

Zunächst einmal leben sie alle allein. Vielleicht mit gutem Grund, denn jede von ihnen sieht so blendend aus, daß Sie sicher glauben würden, es handelt sich um einen Schönheitswettbewerb, wenn ich Ihnen ein Foto der Mädchen zeigen würde. Vielleicht interessiert Sie die Haarfarbe der Damen. Es sind 6 Blonde, 3 Rothaarige und 11 ebenso attraktive Brünette. Um herauszubekommen, wie ich die Mädchen anmachen könnte, hielt ich es für das Beste, mit denjenigen anzufangen, die mir am besten gefielen. Es war richtig spannend.

Bei den Interviews stellte sich heraus, daß diese Frauen nicht nur gut aussahen. Eine von Ihnen war Computerprogrammiererin, zwei waren Künstlerinnen, zwei Lehrerinnen, 2 Stewardessen, 1 Chefsekretärin, 2 Fotomodelle, 1 Sängerin, 1 Schauspielerin usw. Die meisten waren intelligent, ausgeglichen, witzig, geistreich und alle ausgesprochen gute Erzählerinnen. Kurz gesagt, genau die Art von Mädchen, die man wirklich gern anmachen würde.

Wer weiß, vielleicht treffen Sie eines Tages eines dieser 20 Mädchen im Bus, im Kino oder auf der Straße und ich bin sicher, wenn Sie dieses Buch aufmerksam gelesen haben, werden Sie nicht seelenruhig dabei zusehen, wie eine dieser Frauen aus Ihrem Blickfeld verschwindet, nur weil sie nicht den Mut hatten, sie anzusprechen. Sie werden es nicht mehr nötig haben, das Mädchen mit dummen Sprüchen zu langweilen, nur damit sie Ihnen nicht davonrennt. Sie werden es ja sehen. Und damit sind wir beim ersten Schritt angelangt.

DER ERSTE SCHRITT

Wenn man eine Frau anmachen will, muß man sie zunächst einmal ansprechen. Das scheint mir die einzig wirklich erfolgreiche Möglichkeit zu sein, um mit ihr in Kontakt zu treten.

Sie entdecken irgendwo ein tolles Mädchen, gehen auf es zu und sagen - "dieses Muttermal auf Ihrem linken Knie finde ich absolut sensationell", oder "warum starren Sie mich bloß die ganze Zeit so an", oder vielleicht ganz einfach - "wie heißen Sie".

Vielleicht fällt Ihnen auch etwas Originelles ein, was mit der konkreten Situation zu tun hat. Oder etwas Lustiges. Wenn Sie das können, haben Sie schon viel gelernt und dann werden Sie nicht nur Erfolg bei einer, sondern bei LKW-Ladungen von Frauen haben.

Unglücklicherweise hat die Sache einen Haken. Wenn es doch eigentlich so leicht ist, ein Mädchen anzusprechen, fehlt den meisten Männern auch heute noch der Mut es zu versuchen. Sie haben einfach Angst, einen Korb zu bekommen. Und das ist äußerst bedauerlich. Denn, selbst wenn Sie es nicht glauben, es gibt Millionen von Frauen auf der Welt, die alles dafür geben würden, angemacht zu werden. Die nur davon träumen. Und wie sieht die Wirklichkeit aus? Da sind die Männer, die es für ihr Leben gern täten, die aber Angst haben, abzublitzen.

Natürlich ist diese Furcht normal, aber ist sie nicht auch unendlich traurig und ebenso vernichtend? Sie kann so groß sein, daß Männer schließlich ganz davor zurückschrecken, Mädchen anzumachen.

Und mein Freund, wenn Sie dazu gehören, wenn Ihnen die Angst in den Knochen sitzt, dann werden Sie es niemals fertigbringen, ein Mädchen kennenzulernen. Deshalb geht es in diesem ersten Buch hauptsächlich darum, die Ängste abzubauen und ein natürliches Selbstvertrauen herzustellen. Denn das ist unglaublich wichtig, für Sie selbst und genauso unerlässlich, wenn Sie bei Frauen Erfolg haben wollen.

Auf den nächsten Seiten können Sie entdecken, daß Sie allen Grund dazu haben, ein gesundes Selbstvertrauen zu entwickeln, ganz egal, wer Sie sind oder was Sie machen, - oder wie Sie aussehen.

WER WIRD ÜBERHAUPT ANGEMACHT ?

Ich glaube, das ist eine gute Frage. Fragen Sie mal einen durchschnittlichen Mitteleuropäer nach dem Problem »Anmachen«. Klar, ganz toll, bloß selten erfolgreich, und ich will Ihnen mal was sagen, - also meine eigene Schwester würde sich niemals anmachen lassen. Na, Sie wissen doch, bei welcher Sorte Frau man mit sowas nur landen kann, naja, bei diesen weniger dezenten Mädchen, die billig parfümiert sind und mit zu kurzem Rock und roten Stöckelschuhen rumlaufen.

Und ein wenig haben diese Männer sogar Recht. Natürlich werden diese Frauen bevorzugt angemacht. Aber das sind doch nicht die einzigen. Vor allen Dingen nicht auf lange Sicht. Stellen Sie sich doch nur mal die vielen Frauen vor. Sie werden alle angemacht, jeden Tag, überall, auf jede Art und Weise, die man sich nur vorstellen kann. Ob es die Adeligen von einem bayerischen Schloß, die Sekretärinnen in einem Großraumbüro oder die Verkäuferinnen im Kaufhaus sind. Die Skiläuferinnen in Garmisch, genauso wie die Bankangestellte aus Düsseldorf oder die Lehrerinnen aus Hamburg. Nette Mädchen, intelligente Mädchen, große, hübsche und reiche Mädchen, Showgirls ebenso wie Bibliothekarinnen, Studentinnen ebenso wie Verkäuferinnen.

14

Sie werden sicherlich nicht gerade zugeben, oder sogar gar nicht wissen, daß sie angemacht worden sind, aber sie werden sicher stolz erzählen, - gestern traf ich den nettesten Kerl im Bus, der mir je über den Weg gelaufen ist, oder - heute morgen im Aufzug hatte ich eine sehr anregende Unterhaltung mit einem reich aussehenden Herrn, - oder - im Kino gestern hat mir doch tatsächlich ein wildfremder Typ ein Eis spendiert.

Wissen Sie, was das eigentlich heißen soll? Ich bin angemacht worden! Irgendwie war ein Mann in der Lage, die alltäglichen Konventionen zu durchbrechen, die Aufmerksamkeit einer Frau auf sich zu lenken, ihre Telefonnummer herauszubekommen und vielleicht sogar mit mir ins Bett zu gehen. So etwas passiert häufiger, als Sie denken. Man muß es sich nur einmal richtig vorstellen. Denn, und das kann ich bezeugen, es ist ein geheimer Wunsch einer jeden Frau, von Männern angemacht und erobert zu werden.

Die einzige Schwierigkeit besteht darin, daß viele Männer den Erfolg einer solchen Aktion bestreiten. Sie weichen nicht von ihrer felsenfesten Überzeugung ab, daß sich kein »anständiges Mädchen« einfach mit einem völlig Fremden einläßt. Sie glauben, es sei eben nur möglich, ein vernünftiges Mädchen kennenzulernen, wenn man ihr auf einer Party, bei der Arbeit oder in der Kneipe vorgestellt worden ist. Und darauf warten diese Männer manchmal sehr lange, zu lange! Sie verschließen ihre Augen davor oder können es sich überhaupt nicht vorstellen, daß es tatsächlich in Bussen, an Straßenecken, in Kneipen und Museen, in Parks und Kinos passiert. Und dabei sind das wirklich die geeigneten Orte, um Mädchen kennenzulernen, genau die Mädchen, von denen Sie schon lange träumen.

Lesen Sie doch mal, was Doris passiert ist, eine der berühmten zwanzig Mädchen. Sie ist Moderedakteurin für eine Frauenzeitschrift, bildhübsch und kommt aus einem erstklassigen Hause. Doris : - Also, wenn meine Eltern je erfahren würden, was passiert ist, könnte ich meinen beträchtlichen Erbteil vergessen. Denn diesen Typen, den ich letztes Wochenende mit nach Hause gebracht habe, lernte ich genau einen Tag zuvor im Museum kennen. Es war eine Cezanne-Ausstellung. Der Mann schaute sich ganz ruhig die Bilder an, und als er in meine Nähe kam, fragte er plötzlich, - wie finden Sie das Bild? - Es gefällt mir unwahrscheinlich gut, sagte ich. Und was antwortete er, - also ich finde es scheußlich. Ich war schockiert und fragte nach dem Grund für diese Ablehnung. Gleichzeitig dachte ich noch, daß er eigentlich ziemlich häßlich sei, mit den wilden, schwarzen Haaren und diesen enorm großen Schneidezähnen. Er zählte mir dann die verrücktesten Gründe auf, warum er diese Ausstellung so mies fand. Er meinte u. a., daß ihm ein Bild absolut nicht gefiele, weil - die Linien keine Balance hätten -. Es ärgerte mich, und ich erklärte ihn für verrückt. Schließlich kam es zu einem richtig lauten Streitgespräch und mir wurde die ganze Situation wirklich peinlich. Dann lud er mich zu einem Drink ein, um mir dabei noch einmal in Ruhe erklären zu können, warum er das

Gemälde so mittelmäßig fand. Als wir endlich in der Cafeteria des Museums saßen, gab er einfach zu, daß er nur mit mir ins Gespräch kommen wollte und deshalb das Bild so schlecht gemacht hätte.

Das gefiel mir. Irgendwie war ich davon beeindruckt. Wir unterhielten uns eine Zeit lang und dann fragte er mich plötzlich, ob ich Lust hätte, abends mit ihm ins Kino zu gehen. Eigentlich hatte ich nicht die geringste Lust, aber da ich nichts anderes vorhatte, sagte ich zu. Gegen 9.00 Uhr holte er mich in meiner Wohnung ab. Ganz geheuer war mir dabei nicht, denn ich kannte ihn ja überhaupt nicht. Ich versuchte, die Skrupel einfach unter den Tisch zu kehren, und der Abend entwickelte sich zu einem richtigen Erfolg. Nach dem Kino gingen wir noch in eine kleine Bar und tranken einige Gläser Wein. Er sprühte vor Witz. Plötzlich bemerkte ich, daß mir seine großen Schneidezähne doch gefielen. Sie wirkten auf mich irgendwie sexy. So etwas ähnliches passiert mir immer wieder. Zu vorgerückter Stunde schlug er vor, in sein Appartement zu gehen. Ich war schon etwas angetrunken und wußte genau, was er vorhatte. Ich fand ihn bereits so anziehend und begehrenswert, daß ich nicht nein sagen konnte. Zum Teufel mit den Vorstellungen aus alter Zeit, wo man mit einem Mann nicht einfach ins Bett ging, obwohl man ihn unwiderstehlich fand. Du lebst nur einmal, dachte ich, und in diesem Leben möchte ich soviel Spaß wie möglich haben.

Ich blieb die ganze Nacht bei ihm. Es war herrlich. Wie ein Rausch. Am nächsten Morgen fiel mir ein, daß ich meinen Eltern versprochen hatte, sie an diesem Wochenende zu besuchen. Nun war aber dieser nette Junge da, und ich hatte keine Lust, ihn gleich wieder allein zu lassen. Wir frühstückten und rauchten eine Zigarette, tranken einen Kaffee nach dem anderen. Alles war so angenehm und schön, so daß ich mich entschloß, ihn mit zu meinen Eltern aufs Land zu nehmen. Er freute sich riesig über die unverhoffte Einladung. Ich rief meine Eltern an und kündigte ihnen einen alten Freund aus meiner Studienzeit an. Sie waren begeistert von ihm. Wenn sie auch nur geahnt hätten, wie es wirklich war, hätten sie kein gutes Haar an ihm gelassen. Sie können sich sowas eben nicht vorstellen, geschweige denn erst verstehen.

JEDES MÄDCHEN WIRD GERN »ANGEMACHT«

Sie glauben nicht, wieviele Männer immer noch davon überzeugt sind, daß man ein Mädchen wirklich nur dadurch kennenlernt, daß man ihm vorgestellt wird. D i e Chance oder keine. Und das schlimmste, bevor ich mit der Arbeit an diesem Buch begonnen habe, hätte ich nie im Traum daran gedacht, eine fremde Frau anzusprechen. Schon allein die Angst dabei. Ich war einfach sicher, abgewiesen zu werden. Und dann diese peinliche Vorstellung, eine Frau könnte mir bei dem Versuch, sie anzumachen, kaltlächelnd eine Ohrfeige verpassen.

Aber ich hatte mich gründlich geirrt. Aus Angst war dieser Trugschluß entstanden. Ich war immer der Meinung, Frauen verabscheuen es, angemacht zu werden. Genau das Gegenteil ist der Fall. Die meisten alleinstehenden Frauen warten geradezu darauf. Das wurde mir in den Interviews der 20 Mädchen nur allzudeutlich bestätigt. Sie glauben mir nicht?

Claudia: - Das ist doch natürlich, jedes Mädchen wird gern angemacht.

Susanne: Ich habe zwar keine festen Vorstellungen, aber wenn mich ein Mann auf der Straße anspricht, dann werde ich ihm sicherlich nicht sagen, - also hören Sie mal, mein Herr, ich kann nicht mit Ihnen sprechen, weil ich Sie garnicht kenne. Das wäre nur dumm. Wenn mir ein Mann gefällt, warum sollte ich dann abweisend zu ihm sein, nur weil ich ihn noch nie zuvor gesehen habe. Wenn mir einer gefällt, dann gehe ich auch gern mit ihm aus.

Renate: - Ist doch klar, daß ich gern angemacht werde. Wie soll ich denn sonst meine Freunde kennenlernen ?

Mechthild: - Es ist schon angenehmer, angesprochen zu werden, als es selbst tun zu müssen. Es schmeichelt einer Frau sehr und schließlich fühlt man sich dann viel attraktiver.

Vielleicht erstaunen Sie diese Antworten. Sie werden einwenden, daß es auch noch ganz andere Ansichten darüber gibt. Die Frauen haben auch nicht immer so gedacht. Wie kommt es, daß sie es inzwischen offensichtlich kaum erwarten können, angemacht zu werden?

FRAUEN SIND NICHT MEHR SO WIE FRÜHER

Es gibt viele Gründe dafür, warum sich die Ansichten von Frauen gewandelt haben. Vergessen Sie nicht, die Zeiten haben sich geändert und mit ihnen die Frauen. Vor 20 Jahren hätte ein wildfremder Mann niemals ein Mädchen problemlos erobern können. Das, was man heute unter »anmachen« versteht, wäre damals undenkbar gewesen. Gewiss, aber das sind auch 20 Jahre her. Und in der Zwischenzeit ist die Entwicklung nicht gerade stehengeblieben. Denken Sie nur, was sich alles ereignet hat : Die Pille, die Miniröcke, die Sex-Revolution. Plötzlich tauchen Frauen mit durchsichtigen Blusen auf der Straße auf, Bikinis werden ohne Oberteil getragen und die Busenform der Filmstars brauchen Sie auch nicht mehr zu erraten. Sie bekommen sie in Breitwand vorgeführt, und von den Titelseiten der Zeitschriften lächelt Sie überall eine nackte Schöne an. Meinen Sie, so etwas bliebe wirkungslos ? Es ist schon ziemlich lange her, daß ein Mädchen erst den hübschen, kleinen Ring an ihren Finger stecken wollte, bevor sie mit Ihnen geschlafen hätte. Die gute, alte Zeit, in der man über Sex noch hinter vorgehaltener Hand sprach, weil es in einer gemischten Gesellschaft ungehörig war, darüber zu reden, ist endgültig vorbei.

Heute wird kein Blatt mehr vor den Mund genommen, heute wird sich auf der Leinwand in color geliebt, heute riskieren Sie nicht mehr Job und Ruf, wenn Sie mal in einen Pornofilm gehen. Alles ist freier geworden. Und diese Überrealisierung ist auch an den Frauen nicht spurlos vorbeigegangen.

Jetzt schlafen auch anständige Mädchen mit Männern, bevor sie verheiratet sind. Sie brauchen nicht mehr gleich mit dem Trauschein zu winken, wenn Sie ein Mädchen erobern wollen. Junge, moderne Frauen können Sie ohne weiteres auf der Straße ansprechen, sie laufen nicht mehr weg oder drohen mit der Polizei. Sie sehen garnicht ein, weshalb sie einem netten Mann, der sie anspricht, die kalte Schulter zeigen sollen. Sie haben sich verändert. Sie durchschauen die falsche Moral so zu tun, als ob man nicht mit jemanden schlafen möchte, obwohl man es in Wirklichkeit doch gern möchte.

Inzwischen haben die Frauen ihr Recht entdeckt, sich ebenso wie die Männer zu verhalten und das zu tun, was wirklich Spaß macht und was man selbst gern will. Das Leben ist viel zu kurz, um dauernd Skrupel bei dem zu haben, was man gern machen möchte. Mit vielen moralischen Bedenken erreicht man wohl kaum das, was man wirklich gern tun möchte und am Ende hat man sich vor lauter Bedenken nicht ein einziges Mal amüsiert. Davon wollen sich die Frauen nicht mehr beeinflussen lassen, wie mir alle Zwanzig bestätigten. Und ein wichtiger Schritt zu dem glücklicheren Leben besteht für sie eben auch darin, sich gern anmachen zu lassen. Für sie

22

ist das der moderne und angenehme Weg, um Männer kennenzulernen. Und es sei auch viel offener und ehrlicher, als ständig geheime Verabredungen zu treffen. Endlich auch nicht mehr diese qualvollen Formalitäten bei den gezwungenen Vorstellungen, wobei nur Klischees und Peinlichkeiten auftauchen.

In der heutigen Zeit ist es nicht mehr so notwendig und die offene Art, angemacht zu werden, entspricht ganz den Vorstellungen der modernen Frau.

Carola: - Also, was mich betrifft, ich finde das Anmachen wirklich als einzig wahren Weg, um Leute kennenzulernen.

Cornelia: - Früher habe ich mich immer von meinem schlechten Gewissen verrückt machen lassen. Immer, wenn ich mal gern mit einem Mann geschlafen hätte, habe ich gedacht, das darfst du nicht machen, das geht einfach nicht. Heute denke ich zum Glück anders. Wenn mir ein Typ gefällt und ich gern mit ihm ins Bett gehen würde, dann stell ich irgendetwas an, damit er auf mich aufmerksam wird. Meistens klappt es. Ich finde es nämlich ganz toll, mit Männern zu schlafen und wenn etwas Spaß macht, warum soll ich es dann um Gottes Willen nicht tun. Es wurde auch höchste Zeit, daß die Frauen das endlich mal zugeben.

Petra: - Klar, der traditionelle Weg, um jemanden kennenzulernen, ist dieses formell-vorgestellt zu werden. Aber das ist ja so schrecklich reglementiert und humorlos, daß ich schon keine Lust mehr habe, mit demjenigen zu reden. Oder auch, wenn eine Freundin ankündigt, sie habe einen netten Mann für mich, und stellt ihn mir vor, dann ist doch überhaupt noch nicht klar, ob er mir auch gefällt. Ich würde heute so etwas nicht mehr machen. Ich wähle meine Männer lieber selbst aus und überlasse es nicht den Konventionen, oder dem Geschmack meiner Freundin, mit wem ich zusammen sein will. Aber wenn man angemacht wird, dann kann ich mir wenigstens selbst aussuchen, wen ich dann wirklich näher kennenlernen will.

Daß sich die Ansichten der Frauen zum Thema »Anmachen« grundlegend geändert haben, finden Sie hier bestätigt. Es ist einfach wichtig, die Frauen besser verstehen zu lernen, um sie wirklich erobern zu können.

DAS
MAUERBLÜMCHEN

Wußten Sie, daß Frauen sehr einsam sein können? Sehr, sehr einsam! Vielleicht haben Sie nie darüber nachgedacht. Wahrscheinlich haben Sie beim Anblick einer gutaussehenden Frau keinmal daran gezweifelt, daß sie bestimmt sehr glücklich und selbstbewußt ist. Erinnern Sie sich, Sie haben diese Frauen immer inmitten einer Menge toller Freunde gesehen, selbstsicher und schön, und bei dem Gedanken sie anzumachen, haben sie immer nur den Korb vor Augen gehabt, den sie Ihnen sicher geben würde. Aber wie sicher kann eine solche Vorstellung überhaupt sein? Vielleicht sind Sie damit ebenso gründlich auf dem Holzweg.

Frauen sind überaus empfindliche Wesen. Wenn sie keine Freunde haben, keine Zuneigung bekommen und keine menschliche Wärme verspüren, dann fühlen sie sich schnell einsam und leiden unter Depressionen. Oft fehlt ihnen ein interessanter Beruf, oder ein angenehmes Hobby und sind deshalb wesentlich mehr als die Männer auf intensive Freundschaften angewiesen. Sie sind davon abhängig - besser gesagt -, sie sind abhängig von der Liebe.

Kathrin : Manchmal fühle ich mich so richtig schlecht und einsam. Diese Depressionen kann ich nur überwinden, wenn ich mit jemandem etwas teilen kann, ein Hobby oder meine Sorgen. Bin ich mit jemandem zusammen und kann mit ihm reden, geht es mir gleich viel besser. Für mich sind Kontakte zu anderen lebensnotwendig.

Angela: - Ich bin sehr oft allein und einsam. Ich glaube, den meisten Frauen geht das so. Wir fühlen uns einsam und gelangweilt und nur um da herauszukommen, lassen wir uns auf eine oberflächliche oder sogar falsche Freundschaft ein. Und dabei ist es so schwierig, eine echte Freundschaft aufzubauen. Nur in einer guten Freundschaft bekommt man das Gefühl von Geborgenheit und fühlt sich geliebt und gebraucht. Das ist der Grund, warum viele Frauen immer auf der Suche nach neuen Männern sind.

Also, das nächstemal, wenn Sie ein tolles Mädchen sehen, nehmen Sie nicht gleich an, sie führte nur ein amüsantes und erfülltes Leben mit vielen Parties und Freunden und ständigen Ferien mit Mondscheinnächten und unzähligen Verehrern. Gehen Sie auch nicht sofort davon aus, daß sie eine Bekanntschaft mit Ihnen überhaupt nicht braucht. Vielleicht ist es ja gerade umgekehrt und sie lebt mit einem Mann zusammen, den sie schon lange nicht mehr mag, der nicht in der Lage ist, ihr das zu geben, was sie wirklich braucht. Vielleicht ist sie auch mit keinem Mann zusammen und sehnt sich nach nichts anderem, als nach Verständnis, Freundschaft und Liebe. Lassen Sie mich die Geschichte von einem guten Freund erzählen. Während einer Geschäftsreise verpaßte er in München sein Flugzeug und konnte erst am nächsten Morgen nach Hause fliegen. Er war nicht besonders glücklich darüber. Er fühlte sich einsam und ging allein essen im besten Restaurant Münchens. Die Kellnerin dort war eine bildhübsche Person, ungefähr Mitte Dreißig. Mein Freund ist viel jünger, aber er konnte seine Blicke nicht mehr von ihr lassen. Sie war ziemlich groß und schlank und bewegte sich wie eine Ballett-Tänzerin. Sie hatte etwas traurige Augen, aber ein bezauberndes Lächeln. Er stellte sich vor, wie er mit ihr ein Hotelzimmer nehmen und sie die ganze Nacht in seinen Armen halten könnte. Aber diese Frau ist bestimmt verheiratet, dachte er, und wenn sie es nicht ist, dann hat sie sicher genügend Freunde, die sie genauso begehrenswert finden, wie ich. Sie lachte und scherzte mit den vielen Geschäftsleuten, die dort aßen, und er wäre niemals auf den Gedanken gekommen, daß diese Frau sehr einsam sein könnte.

Da mein Freund ohnehin nicht wußte, was er mit dem angebrochenen Abend noch anfangen sollte, ließ er sich Zeit beim Essen, trank genüßlich eine Flasche Wein und nach dem Essen noch Kaffee und Cognac.

Allmählich wurde es leer im Restaurant. Die Kellnerin hatte nur noch ihre letzten Handgriffe zu verrichten, und so bat er sie, an seinem Tisch Platz zu nehmen. - Ich wollte Ihnen nur sagen, daß das Essen großartig war. Es war so vorzüglich, daß ich Sie gern zu einem Cognac einladen würde. - Sie lächelte höflich und antwortete, daß es den Angestellten des Restaurants leider untersagt sei, am Tisch eines Gastes Platz zu nehmen. - Können Sie denn keine Ausnahme machen, - drängte er. Vielleicht bemerkt es niemand. - Sie sah sich um. Das Restaurant war schon fast leer und so setzte sie sich kurz entschlossen an seinen Tisch. Sie tranken Cognac und redeten ...., stundenlang. Ehe sie sich versahen, war es halbzwei und beide hatten einen leichten Schwips. Plötzlich bemerkte mein Freund, daß ihn die Frau eindringlich und gespannt ansah. - Könnte ich die Nacht bei Ihnen bleiben, - fragte sie. Er traute seinen Ohren nicht. Natürlich wollte er dieses unverhoffte Angebot nicht ausschlagen.

Sie fuhren zu seinem Hotel und verbrachten eine fantastische Nacht. Diese Frau hatte so etwas Eindringliches, Faszinierendes und beeindruckte meinen Freund durch ihre leidenschaftliche, manchmal ein wenig hoffnungslose Art. Bei allem herrschte eine Atmosphäre von Vertrauen. Später standen sie auf und unterhielten sich lange. Sie erzählte, daß sie seit 10 Jahren geschieden sei und auch nicht mehr heiraten wolle. Sie fühlte sich in einer Ehe einfach nicht wohl, so eingesperrt. Andererseits war sie seit ihrer Scheidung völlig allein. Unzählige Nächte hatte sie allein verbringen müssen. Die meisten Männer seien schließlich verheiratet und die anderen nähmen leider selbstverständlich an, daß sie viele Freunde und Verehrer habe. Manchmal habe sie einfach keine Kraft mehr, so viele Nächte allein zu sein, und deshalb habe sie ihn um diese Nacht gebeten. Plötzlich verstand mein Freund ihr eindringliches Verhalten und er war sehr glücklich darüber, sie in dieser Einsamkeit nicht allein gelassen zu haben.

Jedesmal, wenn er in München ist, besucht mein Freund diese hübsche Kellnerin. Sie nimmt sich einen freien Abend, wenn er kommt, und sie verbringen jedesmal eine fantastische Nacht zusammen.

AUCH FRAUEN SIND SCHARF

Wußten Sie, daß Frauen genauso scharf sein können wie Sie? Nein? Was glauben Sie, wie oft das vorkommt: Eine Frau sitzt allein zu Hause und plötzlich überkommt sie ganz stark das Bedürfnis, mit einem Mann zu schlafen. Sie wollen geliebt werden, ganz egal von wem, aber sie wollen es unbedingt.

Doris: - Ich werde jetzt mal ganz offen zu Ihnen sein. Zufällig bin ich vor einiger Zeit länger mit keinem Mann ausgegangen. Plötzlich bemerkte ich, wie sehr mir der Kontakt zu Männern fehlte. Ich bestand nur noch aus Begierde. Ich sehnte mich so sehr danach, mit einem Mann zu schlafen, daß ich zu allem bereit gewesen wäre. Ganz sicher, wenn mich irgend ein netter Mann angesprochen hätte, wäre ich sofort mit ihm gegangen, direkt in sein Bett. Aber unglücklicherweise sprach mich niemand an.

Schockiert Sie das? Eigentlich dürfte es sie nicht schockieren. Sie wissen doch, die Frauen haben sich verändert. Und warum sollten sie nicht das gleiche Recht auf Sex haben, wie die Männer? Vielleicht fällt es den Männern viel schwerer, sich an die Sex-Revolution anzupassen, jetzt, wo auch die Frauen von ihrem Recht auf sexuelle Freiheit Gebrauch machen.

Renate: - Natürlich sind Frauen auch scharf. Genau wie die Männer. Ich gehe manchmal nach Hause und lese eines dieser Sexbücher, nur weil ich gerade keinen Mann habe, mit dem ich schlafen könnte. Die Männer machen das doch schon lange so, warum sollen wir Frauen das nicht auch tun?

Karla: - Ich glaube, die meisten Männer können sich garnicht vorstellen, daß ein Mädchen genauso nach einer erfüllten sexuellen Beziehung sucht, wie Sie. Wenn ein Mann eine ernsthafte Freundschaft zu mir aufbauen will, dann muß er mich auch als Frau begehren, denn zu einer echten Freundschaft gehört bei mir auch eine sexuelle Beziehung. Warum sollen sich Freundschaft und Sex ausschließen? Wenn ich mich nach Sex fühle, dann möchte ich auch welchen haben.

Es wäre ja auch ungewöhnlich, wenn Frauen keine sexuellen Bedürfnisse hätten. Stellen Sie sich nur mal vor, es wäre nicht so. Nicht auszudenken! Aber vielleicht wußten Sie nicht, daß Frauen den Sex genauso sehr lieben, wie Sie es auch tun. Und daß sie richtig scharf werden, wenn ihr Appetit auf Sex über eine längere Zeit nicht befriedigt wurde.

Also: Denken Sie bei Ihrem nächsten Versuch, eine Frau anzumachen, daran, daß sie vielleicht genauso scharf ist, wie Sie. Es könnte sein, daß sie sich garnicht zimperlich zeigt, wenn Sie sie nach dem Kino noch bei sich zu einem kleinen Drink einladen. Es könnte bei jedem Mädchen lange her sein, daß sie mit jemandem im Bett war. Und diesen günstigen Zeitpunkt sollten Sie nicht verpassen. Vor allen Dingen glauben Sie nicht von ihr, daß sie sich erst stundenlang ziert. Entwickeln Sie das Gefühl für den Moment, in dem Frauen wollen, wirklich alles wollen. Wenn Frauen Lust auf Sex haben, brauchen Sie sie weder zu bitten noch zu überrumpeln. Sie werden sehen, wie glücklich man sein kann, wenn man den richtigen Moment erkennt, um eine Frau anzumachen. Und nicht nur Ihnen, sondern auch der Frau wird es richtigen Spaß machen.

FREIE KONVERSATION

Im letzten Kapitel wurde deutlich, daß Mädchen genauso scharf sind wie Männer. Jetzt sollten wir einmal darüber reden, was damit unmittelbar zusammenhängt. Zum Beispiel: Das offene Gespräch über Sex. Sie glauben nicht, wie wirkungsvoll das ist, um ein Mädchen anzumachen. Wenn Sie mit ihr frei über Sex reden, wird es nicht mehr lange dauern, bis Sie mit ihr schlafen. Es ist eine der besten und erfolgreichsten Methoden.

Doch wie soll das vor sich gehen, denken Sie jetzt. Ganz einfach: Sie müssen der Frau mit Worten zu verstehen geben, daß Sie eigentlich ziemlich sexy sind. Frauen mögen das. Es klingt verrückt, aber sie lieben es. Natürlich geben sie das nicht einfach zu, daß sie direkte, männliche und sexy Männer mögen, aber man kann es leicht herausfinden, wenn Sie es ausprobieren. Dabei dürfen Sie sich natürlich nicht aufführen wie der potenteste Casanova aller Zeiten. Eine übertriebene oder derbe Art schreckt die Mädchen nur ab. Aber wenn Sie mit ihnen ungezwungen oder humorvoll über Sex reden, wird sich keine veletzt fühlen. Der Reiz, der von einer solchen Unterhaltung ausgeht, wirkt garantiert, auch auf die kühlsten Frauen.

Einer meiner engsten Freundinnen gab unumwunden zu, daß alle Frauen gern an Sex denken. Sie sind vom Sex genauso fasziniert wie Männer. In der Öffentlichkeit haben sie leider nicht genug Möglichkeiten, das einfach auszudrücken. Für Frauen bedeutet es immer noch ein Risiko und es ist noch nicht üblich, ihre Lust an Sex offen zu zeigen. Dadurch werden ihre Bedürfnisse viel weniger befriedigt. Denken Sie nur daran, wie normal es für Sie ist, den ganzen Tag nackte Frauenkörper anzusehen, oder über Sex zu reden. Die Frauen haben es da viel schwerer. Also nehmen Sie jede Chance wahr, um Frauen bei ihren sexuellen Befriedigungen zu helfen, denn das hilft Ihnen ebenso beim anmachen. Reden Sie offen über die Liebe und die sexuellen Bedürfnisse, denn das gefällt den Frauen und regt sie an, es macht die Liebe umso erfolgreicher.

Gut, nun wissen Sie, daß Frauen auch sehr scharf sein können, und daß sie sogar richtig geil werden, wenn Sie auch noch über Sex reden. Aber was ist es genau, was die Mädchen stimmuliert? Versuchen Sie es doch mal so: Sagen Sie einer Frau, daß sie einen betörenden Gang hat, der Sie richtig aufregt, oder sensible Schultern oder Beine, die mehr Sex haben, als die von Marlene Dietrich. Oder vielleicht, daß man ihre Brustwarzen durch den Pullover sehen könnte. Genau das finden Frauen aufregend. Sie wollen einfach gern sehr sexy und verführerisch sein. Und wenn man die Augen aufhält, dann braucht man daran kaum zu zweifeln. Was meinen Sie, warum Frauen Röcke anziehen, die Millimeter unter ihren aufregendsten Teilen enden? Oder warum die Mädchen keinen B.H. mehr tragen? Glauben Sie, die Frauen haben hohe Absätze an, um modisch auszusehen oder um vor Ihnen so mit den Hüften zu schwingen, daß Sie fast die Beherrschung verlieren? Glauben Sie, die Frauen trügen hautenge Hosen oder Röcke aus Gründen der Bequemlichkeit? Ganz sicher nicht! Sie zeigen Busen und Beine, um Ihnen so zu gefallen, daß Sie auch mal zugreifen.

Mit Ihrem süßen Po unter dem knallengen Rock wollen Sie nur eins: Sie reizen, Sie stimulieren, Sie verrückt machen. Jeder hochhackige Schuh, jedes Décolleté und jeder geschlitzte Rock will nur sagen : Komm, faß' meinen Busen an und streichle ihn, nimm meinen Hintern in Deine Hände, siehst Du nicht, was meine Beine versprechen? Alle Offenherzigkeiten sind nichts anderes als der charmante Versuch, Sie direkt ins Bett zu locken.

Erst vor kurzem ging ein Freund von mir an einem Bücherladen vorbei und sah, wie ein junges Mädchen das Schaufenster dekorierte. Es trug einen sehr engen, kurzen Rock. Während sie die Bücher arrangierte, mußte sie sich soweit verrenken, daß der Rock höher und höher rutschte. Mein Freund sah begierig zu, in der Hoffnung, jeden Augenblick ihren Slip sehen zu können. Wieder schob sich ihr Rock einige Zentimeter höher und jetzt konnte er schon den Ansatz von ihrem tollen Po erspähen. Dann traute er seinen Augen nicht, - das Mädchen bückte sich und dabei sah er ganz deutlich, daß sie gar keine Unterhose trug. Sie hatte eine fast durchsichtige Strumpfhose an und gewährte ihm den Blick auf ihren nackten Po. Er blieb so lange vor dem Fenster stehen, bis sie mit der Dekoration fertig war. Am nächsten Tag ging er in den Bücherladen, ließ sich natürlich von dem Mädchen bedienen und verlangte eine sehr seltene Novelle. Er stellte fest, daß sie nicht nur einen fantastischen Hintern hatte, sondern auch von vorn ebenso attraktiv aussah. Während sie das Buch für ihn suchte, unterhielten sie sich über Literatur, über ihren Job und über die neuesten Platten. Nach einiger Zeit schien es ganz selbstverständlich, daß er sie zum Mittagessen einlud. Sie sagte begeistert zu. Sie gingen in ein gemütliches und intimes Restaurant, das er gut kannte. Nach ein paar Drinks erzählte er plötzlich, wie er sie zum erstenmal gesehen hatte. Sie wurde ein wenig rot und dann fingen beide an zu lachen.

- Ich bin sicherlich sehr froh, daß Du kein Höschen trägst -, sagte er, - denn wie hätte ich sonst den schönsten Po der Welt sehen können. -

Das Mädchen fühlte sich geschmeichelt und richtig stimuliert. Sie schauten sich an und waren sich schnell darüber einig, daß sie sich für den Nachmittag krankmelden würden. Sie meldeten sich telefonisch ab, und das Mädchen konnte es kaum erwarten, mit meinem Freund zu schlafen. Was die beiden anschließend in seiner Wohnung taten, brauche ich Ihnen kaum zu schildern.

Diese Geschichte soll nicht besagen, daß es sich um ein schnelles, oder besonders fortschrittliches Mädchen handelte, oder daß es eine Ausnahme bildete. Nein, es wird doch ganz deutlich, daß es ein ganz normales, junges Mädchen war, das den Sex ebenso mag, wie andere moderne Frauen. Sie mögen ihn nicht nur, sondern wünschen ihn, und zwar sehr oft. Und wenn sie öfter gefragt würden, könnten sie auch noch öfter das tun, wovon sie so unzähligemale träumen: Mit Männern schlafen. Und weil sich die modernen Frauen so sehr danach sehnen, macht es auch viel mehr Spaß, mit ihnen zu schlafen. Es ist so, als ob man sich schon sehr lange auf etwas gefreut hat und dann geht es endlich in Erfüllung.

Aber ich gerate ins Schwärmen und komme ganz vom Thema ab. Eigentlich wollten wir doch darüber reden, wie Gespräche über Sex auf Frauen wirken.

Die Medaille hat nämlich, wie immer, zwei Seiten, und vor der zweiten kann ich Sie leider nur warnen.

Erinnern Sie sich noch an den Rat, nicht ausgerechnet den Potenzhengst zu markieren? Damit wären wir jetzt bei den Frauen angelangt, die auf Gespräche über Sex nicht gerade mit heftiger Leidenschaft reagieren. Es gibt nämlich Frauen, die eine solche Konversation eher verabscheuen. Diese müssen Sie natürlich erst mal ein wenig anwärmen, und zwar behutsam und geschickt. Es gibt nur ganz wenige Frauen, bei denen auch das nicht nützt, aber das sind vielleicht dann nicht gerade diejenigen, die man überhaupt ansprechen, geschweige denn wirklich anmachen sollte. Das bedeutet, daß Sie einfach unterscheiden müssen, mit welcher Frau Sie gleich wilde Sexgespräche führen oder lieber erst mal ein dezentes Gespräch übers Wetter führen, bevor

Sie vorsichtig die Werte und Vorzüge der Liebe anschneiden. Sie müssen also lernen, dieses Einfühlungsvermögen zu entwickeln.

Aber lassen Sie sich von dieser kleinen Warnung nicht gleich einschüchtern. Vergessen Sie nicht, daß die Belohnung immer viel größer als das Risiko ist. Sie spielen durchaus kein Lotto, wenn Sie mal eine deutlich Bemerkung zum Thema Sex machen, denn Ihre Gewinnchancen sind entschieden höher: Die meisten Frauen fühlen sich davon stimuliert und angeheizt und werden nur von Ihnen begeistert sein.

Machen Sie bloß nicht den Fehler, immer der gute Freund zu sein. Wenn Sie sich mit der Rolle bescheiden, werden Sie auf die Dauer keinen Erfolg haben. Es mag ja beeindruckend sein, wenn Sie wie ein Pastor oder ein Lehrer reden, die Frage ist nur, wen es beeindruckt. Sicherlich nicht gerade die Frauen, nach denen Ihnen der Sinn steht, wenn Sie auf Jagd sind.

Vergessen Sie nicht, daß Frauen auch neugierig sind, insbesondere auf Sex. Wenn Sie häufig über Sex reden, dann befriedigen Sie ihre Neugierde und geben den Frauen gleichzeitig das Gefühl, daß sie unwiderstehlich sexy sind. Das darf keiner Frau fehlen. Wenn Sie es nicht tun, könnten die Mädchen schnell zu dem Schluß kommen, daß man mit Ihnen vielleicht besser auf den Fußballplatz oder ins Theater geht, aber nicht ins Bett. Und ich wette, dann verlieren die Frauen sofort das Interesse an Ihnen. Also nehmen Sie kein Blatt vor den Mund, reden Sie oft über den Sex, denn es kommt überall an.

WIE ERNST MEINEN SIE ES EIGENTLICH?

Jetzt haben wir schon soviel übers Anmachen geredet, daß ich beinahe die Frage vergessen hätte, ob Sie es auch wirklich ernst meinen, wenn Sie ein Mädchen anmachen. Stellen Sie sich vor, Sie treffen auf Ihrem Weg zur Arbeit ein fantastisches Mädchen, das einfach zu Ihnen sagt: - Verdammt noch mal, Sie gefallen mir aber, ich möchte gern auf der Stelle mit Ihnen schlafen -. Abgesehen davon, daß es Ihnen vielleicht die Sprache verschlägt, aber würden Sie wirklich sofort alles stehen und liegen lassen, um mit ihr ins nächste Hotel oder in Ihr Appartement zu gehen? Wenn Sie darauf ein ehrliches Ja antworten können, dann sind Sie schon sehr weit. Eine Frau wird genau spüren, daß Sie sie Ihrem Beruf oder Geschäft vorziehen und das regt sie wahnsinnig an. Sie fühlt sich dann mehr begehrt, und interessanter und anziehender als Ihre Karriere. Darauf sollten Sie unbedingt achten, denn Frauen sind in diesem Punkt besonders empfindlich und sehr leicht verletzbar. Bevor sie irgendwelche Angebote oder Zugeständnisse machen, wollen die Frauen sicher gehen, ob Sie es auch ernst meinen. Eine plötzliche Absage oder ein Rückzieher, nachdem Sie schon auf ihr Angebot eingegangen sind, kann eine Frau sehr verärgern oder beleidigen. Wenn Sie schon die Initiative ergreift und dann plötzlich auf Zurückhaltung stößt, muß sie sich ja lächerlich und idiotisch vorkommen.

Doris: - Also der beste Anmacher, den ich mir vorstellen kann, ist ein Mann, der wirklich sofort alles fallenläßt, sobald er ein Mädchen anmachen kann. Ihm darf einfach in dem Moment nichts auf der Welt wichtiger sein und sei es, daß sein Chef im Sterben läge.

Sie können sich sicher vorstellen, warum Frauen solche Männer bevorzugen. Wenn sie angemacht werden, wollen sie vollständig das Gefühl haben, daß sie der wichtigste und einzig interessante Teil im Leben der Männer sind. Und viele Männer glauben nur, daß sie unbedingt Frauen anmachen wollen. Sie tun es dann auch, aber schwenken im entscheidenen Moment zurück. Das hinterläßt keinen guten Eindruck bei den Frauen. Seien Sie also sicher, daß Sie es wirklich ernst meinen, und zeigen Sie diese Sicherheit auch den Frauen deutlich. Je mehr ein Mädchen spürt, daß Sie sich wirklich ernsthaft für sie interessieren, umso leichter ist sie anzumachen.

Denken Sie mal darüber nach, denn vielleicht ist es noch wichtiger als gutes Ansehen, viel Humor oder unwiderstehlicher Charme, einer Frau zu zeigen, daß Sie es wirklich ernst meinen.

DAS AUSSEHEN

Ja, das scheint mir ein heikles Thema zu sein. Wie wichtig sind sie nun wirklich, die breiten Schultern, die strahlend blauen Augen, die Muskeln oder das sprichwörtliche, energische Kinn? Vielleicht garnicht so wichtig, wie Sie immer geglaubt haben. Oder meinen Sie wirklich, daß nur die bestaussehensten Männer eine Chance haben? Ich glaube, die Menschheit wäre dann schon ausgestorben. Die meisten Männer können es zwar nur schwer glauben, aber Tatsache ist, daß für die Frauen das Aussehen der Männer zweitrangig ist. Es fällt ihnen deshalb so schwer, weil es für sie selbst an erster Stelle rangiert.

Aber das ist einer der Punkte, in dem sich Frauen stark von Männern unterscheiden. Sie haben einfach andere Wertmaßstäbe. Sie sind viel mehr am Charakter und an den inneren Qualitäten eines Mannes interessiert, als an seinem Äußeren.

Bevor ich mich mit den berühmten 20 Mädchen unterhalten habe, war ich ganz sicher, daß gutes Aussehen für einem Mann enorm wichtig sei. Ich glaube, daß er ohne das praktisch keine Chance hätte. Aber, wie wurden mir von diesen Frauen die Augen geöffnet. Lesen Sie doch selbst.

Monika: - Sie werden es vielleicht nicht glauben, aber ich ziehe Männer vor, die nicht so gut aussehen. Meistens haben sie viel mehr Persönlichkeit und sind interessanter. Sie verfügen einfach über eine gewisse Ausstrahlung, weil sie nicht abhängig sind von ihrem Aussehen. Dadurch sind sie auf die Dauer viel aufregender.

Maria: - Für mich ist das Äußere eines Mannes völlig unwesentlich.

Ruth: - Was nützt es, wenn ein Mann gut aussieht, aber dabei langweilig oder kalt ist. Und das gibt es leider sehr oft. Ich würde einen interessanten und warmherzigen Mann einem schönen Mann immer vorziehen.

Ich glaube, diese Antworten sind doch sehr aufschlußreich. Natürlich wird Ihnen nicht jede Frau gleich den Laufpass geben, wenn Sie nun zufällig auch noch gut aussehen, aber sollten Sie nicht andauernd Preisträger in allen Schönheitswettbewerben sein, dann vergessen Sie bitte nicht, daß es den Frauen vielmehr um andere Qualitäten geht. Frauen sind nicht so abhängig von hübschen Gesichtern oder einer tollen Figur, wie Männer. Sie legen viel größeren Wert auf Persönlichkeit und Charakterbildung.

Wieviele Männer würden doch sofort eine Halbschwachsinnige heiraten, wenn sie nur gut aussieht und die Figur einer Striptease-Tänzerin hat. Frauen denken darüber wohl etwas längerfristig nach und geben sich nicht nur mit Äußerlichkeiten zufrieden.

Gerda: - Ich kann überhaupt erst entscheiden, ob ich das Aussehen eines Mannes mag, wenn ich ihn reden gehört habe. Sobald er dann den Mund aufmacht und ich feststelle, daß er dumm oder gewöhnlich ist, nutzt ihm das tollste Aussehen auch nichts mehr. Lieber kein Adonis, aber dafür einen interessanten oder humorvollen und liebevollen Mann. In den würde ich mich sofort verlieben.

Susanne: - Ich finde, nur ein Mann mit Persönlichkeit kann überhaupt gut aussehen. Ein umwerfend aussehender Mann meint doch nur, daß er keine weiteren Qualitäten braucht. Aber ich glaube, daß ist ein großer Irrtum. Ein Mann sieht erst durch innere Qualitäten gut aus. Das sehe ich sofort. Ich reagiere auch nur darauf, wenn ein Mann etwas zu sagen hat, nicht aber, wenn sich sein Wesen im Umfang seiner Oberarmmuskulatur oder in den Schultern erschöpft.

DIE SCHÖNE UND DIE BESTIE

Wenn wir uns übers Aussehen unterhalten, dann muß ich Ihnen etwas von meinem Freund Thomas erzählen. Er ist ein sportlicher und sehr humorvoller Kerl, hat immer einen witzigen Spruch auf den Lippen. Er ist aber so häßlich wie die Nacht. Er sagt über sein Gesicht immer: - Es ist eine Mischung aus einem freundlichen Gorilla und einer würdevoll gealterten Kröte. Aber sein Aussehen hat ihn durchaus nicht davon abgehalten Liselotte zu heiraten, eine bildschöne Brünette. Es passierte vor etwa 3 Jahren. Thomas war Schwimmlehrer in einem Jugendlager am Tegernsee. Man hatte ihn dorthin gelockt mit einer abenteuerlichen Geschichte von einem nahegelegenen Mädcheninternat, in dem die Lehrerinnen so scharf sein sollten, daß sie jeden Sportlehrer angeblich vergewaltigten. Leider stellte sich heraus, daß es nicht der Fall war. Thomas sah vielmehr in den ganzen vier Wochen kein einziges Mädchen. Es fühlte sich einsam und gelangweilt. Von Tag zu Tag träumte er heftig davon, mit einem Mädchen auf den Bergwiesen zu schlafen, aber es bot sich keine einzige Gelegenheit. Eines abends lieh sich Thoma ein Auto und fuhr in den nächst größeren Ort nach Rottach-Egern. Als er ankam, war es schon 11 Uhr, die Straßen, waren menschenleer, bis einige Leute aus dem Theater kamen. In dieser Menge sah er ein junges Mädchen, das in Begleitung ihrer Eltern dort war.

Thomas nahm seinen ganzen Mut zusammen, ging zu der Familie hin und fragte nach einer Imbißstube. Diese wollten gerade in ein Eiscafe gehen und forderten ihn daher auf, einfach mitzukommen. Thomas folgte Ihnen mit dem Auto und als er im Cafe ankam, saß die Familie bereits am Tisch. Er sah zu ihnen hinüber, in der Hoffnung an ihren Tisch eingeladen zu werden. Aber sie grüßten nur freundlich und aßen weiter ihr Eis. Also setzte er sich allein irgendwo hin und nahm an, sie fänden ihn wohl doch zu häßlich. Als er von seinem Banana-Split aufsah, fing er den Blick des Mädchens auf, die darüber ganz rot wurde und schnell wegschaute. Verdammt, dachte Thomas, wenn sie nur allein wäre. Ich würde sie sofort anmachen. Das erste Mädchen, das ich seit vier Wochen in dieser Einöde sehe. Er spürte genau, wie dringend er ein Mädchen brauchte und plötzlich war ihm alles egal. Er stand auf, ging zu ihrem Tisch hinüber und sagte - Vielleicht klingt es etwas verrückt, aber ich bin hier als Schwimmlehrer am Jungeninternat und den ganzen Sommer noch nicht aus dem Hause gekommen. Ich werde verrückt vor Langeweile, wenn ich nicht bald mit jemanden sprechen kann, der nicht aus dem Internat kommt. Ich könnte glatt 9 meiner Jungen ertränken. Aber Sie könnten denen das Leben retten, wenn Sie mir erlauben würden, mich an Ihren Tisch zu setzen. Sie waren sehr belustigt und entschuldigten sich, daß sie es nicht schon vorher getan hätten. Es war eine nette Familie. Der Vater war Biologieprofessor in Tübingen und die Mutter Musikerin. Das Mädchen studierte in München und fuhr jeden Sommer mit ihren Eltern in ihr Haus am See, das nur wenige Kilometer entfernt lag.

Thomas verstand sich von Anfang an gut mit Liselotte. Sie unterhielten sich angeregt und nach einer halben Stunde verabschiedeten sich die Eltern, um nach Hause zu fahren. - Würde es Ihnen etwas ausmachen, unsere Tochter später nach Hause zu bringen? - Durchaus nicht -, sagte Thomas höflich und er konnte sich kaum beherrschen vor Begeisterung. Sie gingen noch in eine kleine Bar, wo sie einige Drinks nahmen. Das Mädchen sah fantastisch aus, sie hatte das gewisse Etwas. Sie war besonders humorvoll und charmant und amüsierte sich sehr darüber, daß sich Thomas über die Länge des Sommers beklagte. Auch sie schien sehr froh zu sein, ihn hier getroffen zu haben. Bereits im Auto waren beide ineinander verliebt. Sie lud ihn in ihr Haus ein, in dem sie einen großen Teil für sich allein bewohnte. Sie küßten sich und Thomas fühlte unter ihrer Bluse keinen Büstenhalter, herrlich! Am liebsten hätte er sie umgehend vernascht, aber sie wollte nicht sofort mit ihm schlafen. - Wenn ich jetzt nicht mit Dir bumse, dann weiß ich genau, daß Du zurückkommst. Ich mag Dich nämlich sehr und möchte für Dich nicht nur eine schnelle Nummer sein. - Sie war ganz schön clever und obwohl es ihm sehr schwerfiel, an diesem Abend zu verzichten, gefiel ihm dieses Argument. Und so kam er zurück, sooft er konnte. Und jedesmal schliefen sie miteinander und es war fantastisch; für beide so schön wie noch nie. Seine Häßlichkeit spielte überhaupt keine Rolle mehr. Als der Sommer vorbei war, heirateten sie. Wenn Sie das Hochzeitsfoto sehen würden, könnten Sie diese Frau wohl niemals verstehen, aber sie ist sehr glücklich mit ihm, auch heute noch.

PERSÖNLICHKEIT UND TOLLE BEINE

Woran denken Sie als erstes, wenn Sie eine Frau sehen? Na, sind Sie ehrlich, Sie prüfen, ob sie gut aussieht und eine sexy Figur hat. Ich glaube, bei Frauen ist es genau umgekehrt. Sie wollen keinen Muskelprotz oder James Dean-Verschnitt, sondern einen Mann mit Persönlichkeit. Keine auffällige oder exotische Persönlichkeit, aber doch eine eigene, die Wärme und Menschlichkeit ausstrahlt, die ruhig einige Schönheitsfehler haben darf. Darin liegt für Frauen die wahre Männlichkeit versteckt. Das, was in jedem Film und in jeder Reklame als unbeschreiblich männlich angepriesen wird, hat auch nur im Film Erfolg. Da Sie nun mal nicht ins Büro reiten und jeden Rivalen mit dem Colt aus dem Feld schlagen, sollten Sie auch beim Anmachen nicht vergessen, daß die Frauen einen wirklichen Mann jedem Westernhelden vorziehen. Sie müssen einfach nicht aussehen wie Belmondo.

Doris: Wenn ein Mann sich so gibt, wie er ist, dann finde ich ihn interessant. Dabei kommt es nicht darauf an, wie er aussieht, sondern wie er menschlich und charakterlich ist.

Cornelia: - In der letzten Zeit stelle ich immer häufiger fest, daß ich die Männer attraktiv finde, die vom ersten Eindruck her häßlich erscheinen. Sie haben einfach viel mehr Persönlichkeit!

Frauen haben einen viel anspruchsvolleren Geschmack und wenn sie von Äußerlichkeiten fasziniert sind, dann können das die verrücktesten Kleinigkeiten sein. Für sie erschöpfen sich die äußerlichen Qualitäten nicht mit einem riesigen Busen oder einem tollen Hintern. Darüber würden sich Frauen selten unterhalten. Ihr Geschmack richtet sich nach viel persönlicheren Merkmalen. Schon kleine Details oder scheinbar unwesentliche Dinge können sie unglaublich mehr erregen, als makelloses Aussehen. Es gibt Frauen, die werden sofort schwach, weil ein Mann genau die richtigen Hände hat. Andere Frauen lassen sich von Augen, von Sommersprossen oder von Ihrem Haaransatz betören. Wieder andere würden für ein glückliches Lächeln die Scheidung einreichen. Sie sehen, die Möglichkeiten sind unerschöpflich. Zum Beispiel lernte ich eines Tages ein bezauberndes Mädchen kennen, aus dem simplen Grund, weil sie mir in einem Kaufhaus über die Füße stolperte. Nachdem ich mit ihr eine wirklich aufregende Nacht verbracht hatte, erzählte sie mir, daß es tatsächlich meine Beine gewesen wären, die sie umgehend schwach gemacht hätten. Sie fand meine Beine erregend und sexy, während ich es eher unglaublich fand, da ich sie in meinem bisherigen Leben weniger unter diesem Aspekt betrachtet hatte.

Auf jeden Fall läßt diese Geschichte eine beruhigende Schlußfolgerung zu: Sie werden sich wahrscheinlich nicht ausgerechnet für den hübschesten Kerl der ganzen Stadt halten, aber es wird mit Sicherheit eine Menge bildhübscher Mädchen geben, die Ihre Augenwimpern sensationell, Ihre Zähne umwerfend sexy oder Ihre Backenknochen hochgradig anziehend finden. Es gibt bestimmt keinen Grund nervös und unsicher zu werden, wenn Sie nicht gerade wie Robert Redfort aussehen. Denn es steht einwandfrei fest, Sie haben - ohne es zu wissen - einige unglaublich charakteristische Merkmale, die Frauen auf erstaunliche Weise erregen.

Anke: Ich weiß wirklich nicht, was mich bei Männern so erregt. Aber es hat ganz sicher nicht mit gutem Aussehen zu tun. Es ist vielleicht mehr eine Geste, oder die Art, wie ein Mann sein Haar trägt, oder Kaffee trinkt oder ihm die Hose paßt, warum ich ihn mag. Die meisten Männer, die ich wirklich gern habe, sehen gar nicht besonders gut aus, aber alle haben sie eine kleine faszinierende Eigenschaft oder Angewohnheit, die mich irgendwie schwach werden läßt.

WODURCH WIRKT MAN SEXY?

Viele der 20 Frauen gaben zu, daß der Haarschnitt eines Mannes ein ganz wichtiges Merkmal sei. Wenn Sie also auf dem Kopf so aussehen, als ob Sie gerade zur Bundeswehr eingezogen worden wären, dann sollten Sie sich vielleicht doch einen Ruck geben und den Haaren eher eine Beatles-Länge gönnen.

Monika: Heutzutage gefallen mir die Männer viel besser, weil Sie endlich die Haare so wachsen lassen, wie es ihnen am besten steht. Die uniformierten Haarschnitte kamen mir immer wie ein Sträflings-Look vor. Wenn ein Mann den Haarschnitt trägt, der zu ihm paßt, sieht er in jedem Fall gut aus. Er darf sich eben nicht von irgendeiner Mode so beeinflußen lassen, daß man am liebsten laufen ginge, wenn man mitansehen muß, wie er seinen Kopf zugerichtet hat.

Ja, und dann gibt es da noch die berühmte männliche Art des Sexappeal. Viele Frauen glauben, daß er eine Mischung aus kühler Unnahbarkeit und scheinbar völligem Desinteresse ist. Das Problem besteht nur darin, daß Sie keine einzige Frau mehr anmachen, wenn Sie so cool sind. Ohne ein bißchen Interesse an den Tag zu legen, kann ein Mädchen wohl kaum ahnen, daß Sie sich in Wirklichkeit brennend für sie interessieren. Auch hierbei bewährt sich mal wieder das Fingerspitzengefühl. Wenn von männlichem Sexappeal die Rede ist, dann meinen Frauen wohl einen durchaus charmanten Grad an Reserve, der nicht mit kühlem Abstand zu verwechseln ist. Es ist garnicht nötig, daß Sie sich den Frauen zu Füßen werfen oder den Boden, auf dem sie stehen, küssen. Seien Sie einfach so, wie Sie sind und sich gerade fühlen, aber machen Sie keine Zugeständnisse, die ihre Würde in Mitleidenschaft ziehen. Es gibt keinen Grund nervös zu werden, wenn man mit einem hübschen Mädchen spricht: Erstens ist sie auch nur ein Mensch und zweitens gibt es wahrscheinlich noch ein paar mehr davon auf dieser Welt.

Stellen Sie ruhig mal ein paar Experimente an, um auf Frauen zu wirken. Vielleicht ziehen Sie mal etwas ganz verrücktes an, ober laden Sie eine Frau zu etwas ein, was Sie selbst ganz ungewöhnlich finden. Dabei kommt es nicht auf den Grad der Ausgefallenheit an, sondern darauf, wie es auf Frauen wirkt und wie Sie sich selbst dabei fühlen. Überfordern Sie Ihren Sinn für Originalität nicht soweit, daß es lächerlich wirkt. Aber gehen Sie ruhig mal aus sich raus und probieren Sie mal was aus. Wichtig ist nur, daß Sie sich dabei sicher und wohl fühlen. Sonst wirkt es überhaupt nicht.

Sie müssen einfach von sich selbst überzeugt sein. Sie sollten sich selbst für unwiderstehlich und sexy halten, um auch wirklich so zu wirken.

Gerda: Grauenhaft finde ich diese Männer, die sich dauernd für ihre Existenz entschuldigen. Das ist depremierend und langweilig. Ein Mann muß einfach wissen, was er zu bieten hat. Wenn er genau das ausstrahlt, was er auch wert ist, dann hat er bei jeder Frau schon gewonnen. Einen Waschlappen will niemand gern haben.

Alle 20 befragten Mädchen waren sich darüber einig, daß ein Mann nur dann anziehend wirkt, wenn er von sich überzeugt ist. Eigentlich ist es egal, welche Eigenschaften und Charakterzüge Sie haben, nur halten Sie sie nicht verborgen. Verstecken Sie sich nicht hinter Forderungen oder Ansprüchen, die von außen an Sie herangetragen werden, sondern seien sie so natürlich, wie Sie es auch sind. Ob Sie nun Baßgitarre oder Fußball spielen oder sich leidenschaftlich mit der Aufzucht von Stallhasen beschäftigen, wichtig dabei ist, daß Sie Ihr Interesse auch weitergeben, denn nur so kann eine Frau Sie aufregend und interessant finden. Wenn Sie sportlich großen Erfolg haben, dann sind Sie sicher nicht der einzige, den das interessiert und erfreut. Eine besondere Begabung oder Fähigkeit wirkt immer anziehend auf Frauen. Es fasziniert sie und schon haben Sie einen großen Trumpf in der Hand, den Sie nicht in die Tasche stecken sollten.

Gehen Sie ruhig mal in sich und überlegen Sie, was Sie wirklich interessant machen könnte. Was denken Sie eigentlich so? Was steckt in Ihnen? Wofür interessieren Sie sich? Haben Sie vielleicht einen außergewöhnlichen Beruf. Oder machen Sie in Ihrer Freizeit etwas Aufregendes oder Interessantes? Ich bin sicher, es läßt sich eine Menge finden, was eine Frau sehr faszinieren würde. Mit der Zeit werden Sie sicher wissen, ob Sie humorvoll, intelligent oder einfühlsam sein können und genau das sollten Sie auch zeigen. So zu sein, wie man wirklich ist, das macht selbstsicher und genau dadurch wirken Sie sexy. Stellen Sie Ihr Licht nicht unter den Scheffel, sondern lassen Sie eine Frau fühlen und wissen wer und wie Sie wirklich sind.

DIE TOTSICHERE METHODE

Jetzt sind wir an dem Punkt angelangt, wo es wirklich um das Wichtigste beim Anmachen geht, nämlich darum, was Sie einem Mädchen sagen, wenn Sie es zum erstenmal ansprechen.

Zunächst stellen Sie erst einmal sicher, ob es auch keinen Rivalen gibt. Es könnte peinlich werden, wenn Sie in einer Kneipe gerade eine Frau anmachen, ihr gerade charmante Zweideutigkeiten sagen und plötzlich kommt ihr Mann von der Toilette zurück. Wenn feststeht, daß es keinen konkreten Mitbewerber gibt, dann sollten Sie für den ersten Eindruck so auftreten, als ob es auch keinen potentiellen Rivalen gibt. Sie sind d e r Mann, der einzige, der jetzt infrage kommt. Sie müssen dem Mädchen zeigen, daß Sie eine interessante und außergewöhnliche Persönlichkeit sind. Das ist schon der halbe Erfolg. Je mehr Sie sich auf Ihre eigene Persönlichkeit verlassen und keinen Freund kopieren, so erfolgreicher werden Sie bei Frauen sein. Wenn Sie nicht gerade ein humorvoll-witziger Typ sind, dann sollten Sie sich besser nicht wie Jerry Louis aufführen. Wenn Sie tatsächlich kein großer Geschäftsmann sind, dann sollten Sie vielleicht besser nicht nur mit großen Scheinen zahlen oder über Börsen und Big Business sprechen. Das hinterläßt nicht nur den falschen Eindruck, sondern wirkt meistens so unglaubwürdig, daß Sie die Frau zum ersten und gleichzeitig zum letzten Mal sehen. Versuchen Sie einfach Sie selbst zu sein. Genau das bewundern die Frauen am meisten. Und ein Mann, der wirklich den Mut und den Stolz hat, nur er selbst zu sein, der ist erst richtig männlich und attraktiv.

Maria: - Also, wenn ein Mann versucht, mir vorzuspielen, was er vielleicht gern wäre und nicht ist, dann laß ich gleich die Finger von ihm. So etwas macht auf mich nicht den geringsten Eindruck. Aber die Männer, die sich so geben, wie sie wirklich sind, einfach und nett und bescheiden, auf die steh ich.

Elisabeth: - Seit einem Jahr bin ich mit einem Mann zusammen, der Staatssekretär in Bonn ist. Er sprach mich damals auf der Straße an, als ich zu meinem Stammlokal ging. Er wollte wissen, ob es in jener Gegend eine freie Wohnung gäbe. Ich konnte ihm zwar nicht weiterhelfen, aber so kamen wir ins Gespräch. Erst als ich schon mit ihm zusammen war, erfuhr ich, was er für einen interessanten und anspruchsvollen Beruf ausübt. Ich glaube, was mich an ihm so fasziniert hat, war seine Natürlichkeit. Er hat nie versucht, mit seinem Job Eindruck zu schinden oder mir irgendetwas vorzumachen. Er war immer er selbst und scheint damit auch sehr glücklich zu sein. Genau das hat mich bei ihm so angezogen.

Dieses Beispiel enthält das wichtigste Verhalten beim Anmachen. Seien Sie natürlich und selbstvertrauend und geben Sie sich nicht anders, als Sie in Wirklichkeit sind.

Ich habe einen Freund, der weder besonders schön, noch reich, noch erfolgreich ist, aber der troztdem sehr viel Erfolg bei Frauen hat. Oft habe ich mich gefragt, wie macht er das. Ich glaube, er hat sich selbst einfach gern. Er fühlt sich wohl in seiner Haut als durchschnittlicher, freundlicher Mensch, der aufgrund seiner Offenheit von allen akzeptiert wird. Die Frauen behandeln ihn, als ob er eine bedeutende Persönlichkeit wäre und keine hat je schlecht über ihn geredet. Und weil es so ist, fühlt er sich um so wohler und hat um so mehr Erfolg. Kein Wunder! Er hat es einfach nicht nötig, sich für irgendetwas zu entschuldigen und macht sich keine Gedanken darüber, ob er größer, männlicher oder besser aussehen könnte. Mit dieser angenehmen Selbstsicherheit geht er auf Frauen ein, und die finden eine solche Art unglaublich männlich und attraktiv.

Selbst, wenn es Ihnen schwer fällt so zu sein, versuchen Sie es doch einfach! Es ist die allerbeste Methode, um Frauen anzumachen und der Erfolg wird Ihnen Recht geben.

KÖNNEN SIE LOCKER SEIN?

Der zweitwichtigste Aspekt beim Anmachen besteht darin, daß Sie wirklich entspannt sind. Sie brauchen nicht nervös zu werden, schließlich sind Sie ja nicht auf Großwildjagd oder müssen gerade eine gefährliche Doppelagentin entlarven. Sie sprechen einfach eine Frau an. Das ist alles. Sie werden weder tot umfallen, wenn sie es vorziehen sollte, Sie zu ignorieren, noch zur Salzsäule erstarren, wenn diese Frau tatsächlich eine Antwort gibt. Selbst wenn es ihr einfallen sollte, Sie kaltlächelnd abblitzen zu lassen, werden Sie noch mit dem Leben davonkommen. Und sollte die Dame sogar handgreiflich werden und Ihnen ihre neueste Modezeitschrift um die Ohren hauen, dann vergessen Sie nicht, daß es noch tausend andere Frauen gibt, die neue Modezeitschriften anders verwenden. Wenn Sie die eine eiskalt abfertigt, dann sind Sie bei der nächsten umso entschlossener. Es ist nur eine Frage der Zeit.

Lassen Sie sich niemals von dem Korb, den Sie bekommen haben, soweit beeindrucken, daß Ihnen der Mut und die Entschlossenheit flöten gehen. Genauso wichtig ist es, daß Sie nach einigen schlechten Erfahrungen - und wer macht diese nicht - nicht hart oder zynisch werden. Bleiben Sie locker, Sie müssen ja sowieso lernen, auch mit Absagen leben zu können.

Was meinen Sie, wieviele Körbe ich anfangs bekommen habe. Ich könnte einen schwunghaften Handel damit aufmachen. Aber es hat nie so weit geführt, daß ich meinen Mut verloren hätte. Eine Stunde oder einen Tag oder eine Woche später versuche ich es immer wieder von neuem.

Vielleicht können Sie von meinen Mißerfolgen profitieren. Schließlich müssen Sie wissen, daß wir beide nicht die einzigen sind, die ab und zu einen Korb bekommen. Und so oft Sie auch abgewiesen werden, Sie müssen einfach lernen, es zu vergessen. Was spielt es schon für eine Rolle? Sie belasten nur Ihr Gedächtnis damit. Die Welt geht nicht unter, wenn man abgewiesen wird, also warum so tun als ob sie doch untergegangen sei? Neues Spiel, neues Glück.

Und was passiert, wenn Sie beim Anmachen nicht entspannt sein können? Wenn Ihnen jedesmal die Zähne klappern oder der Angstschweiß auf die Stirn tritt? Nun gut, dann sind Sie eben aufgeregt und angespannt. Das ist mit Sicherheit besser, als die Nervosität zu überspielen und damit erst recht alles zu verderben. Versuchen Sie nicht krampfhaft locker zu wirken, das wirkt nicht entspannt sondern lächerlich. Wenn Sie ein nervöser Typ sind, dann geben Sie sich auch nicht als cooler Typ aus, denn vielleicht verpassen Sie gerade damit Ihre Chance. Was glauben Sie, wieviele Frauen auf unbeholfene Männer fliegen - das Woody-Allen-Fieber-.

Monika: - Ich liebe Männer, die unbeholfen und schüchtern sind. Die sind fast immer unheimlich lieb und niemals aggressiv. Ich fühle mich selbst auch viel sicherer in der Gegenwart solcher Männer. Ich weiß dann, diewollen nicht nur mal schnell mit mir ins Bett hüpfen.

Renate: - Wenn ich angemacht werde, dann weiß ich das genau und der Typ auch. Aber trotzdem muß es ja nicht gleich so direkt und offensichtlich sein. Wenn ein Mann dagegen ein wenig schüchtern und indirekt ist und nicht genau weiß, was er sagen soll, dann empfinde ich das als ehrlich spontan. Alles andere ist doch nur erzwungene und dreiste Unbefangenheit.

Ich kann diese Ansicht nicht so gut verstehen: Wenn ich ehrlich bin. Aber liegt für diese Frauen der Reiz in dem scheinbar unerfahrenen, jungenhaften Verhalten von schüchternen oder nervösen Männern. Sie fühlen sich vielleicht eher als Mutter oder erfahrene Frau bestätigt und spielen lieber die Rolle der sanften Verführerin. Gewiss, auch das kann sicher sehr reizvoll sein.

Was ich in diesem Kapitel ausdrücken will, ist, daß Sie auf jeden Fall versuchen sollten, natürlich zu bleiben, auch wenn Sie von Natur aus der schüchterne, der nervöse Typ sind. Sie brauchen nicht aalglatt zu sein, schließlich verkaufen Sie keinen Gebrauchtwagen. Sie sollten genauso wenig vor Selbstvertrauen aus den Nähten platzen. Sie können ruhig auch mal etwas Dummes sagen, ohne dabei das Gesicht und die Frau zu verlieren. Solange Ihr Verhalten zu Ihrer Persönlichkeit paßt, werden Sie garantiert trotz aller möglichen Fehler noch Erfolg haben und zwar gerade wegen dieser Fehler.

Doris: Wenn ich einen Typen kennenlerne, der total von sich selbst überzeugt ist, dann bekomme ich es mit der Angst zu tun. Das ist doch unnatürlich. Ich denke dann gleich, der Mann macht berufsmäßig Frauen an.

Wo wir jetzt schon bis zur hohen Schule des Anmachens vorgedrungen sind, kann ich wohl ruhigen Gewissens auch die differenzierten Probleme, die dabei auftreten, ansprechen. Schwierig wird es hier deshalb, weil ich keine Rezepte verteilen kann, aus dem einfachen Grund, daß Frauen sehr unterschiedlich sein können. Die einen lassen sich nur auf etwas ein, wenn sie das sichere Gefühl haben, der Mann sei unsterblich in sie verliebt. Andere wiederum gehen gleich laufen, wenn sie diesen Eindruck haben. Also Vorsicht, hier handelt es sich um eine delikate Angelegenheit. Sicherlich läßt sich soviel sagen: Keine Frau mag es gern, wenn man sie nur vom Aussehen her beurteilt. So richtig taxiert, wie hübsch und brauchbar sie wohl sei. Sie möchte genau durch Charakter und Intelligenz wirken, wie Männer umgekehrt auf Frauen. Viele Frauen mögen es auch, wenn man ihnen einredet, sie seien so hinreißend wie Cleopatra, ebenso schön, genauso intelligent, so erregend und sexy...Aber nicht alle. Es gibt Frauen, die solche übertriebenen Schmeicheleien sofort durchschauen und sie auch nicht besonders lieben. Eine durchschnittliche Frau wird es aber dennoch gern sehen, wenn sie verehrt und umschmeichelt wird. Dann geben Sie ihr ruhig das Gefühl, sehr sehr in sie verliebt zu sein. Und unsterblich verliebt ist man nur dann, wenn man nicht nur die Figur der

Frau umwerfend findet, sondern auch alles andere, was halt hinter dieser Figur steckt: Charakter, Charme, Witz, Klugheit und Intelligenz. Also, wenn Sie schon den Eindruck erwecken wollen, Sie seien so verliebt, dann vergessen Sie bitte nicht, einer Frau auch aus den Gründen zu schmeicheln. Machen Sie ihr ruhig Komplimente über ihren Humor oder ihre Intelligenz. Übertreiben Sie nur nicht, das könnte die gegenteilige Wirkung haben. Auf jeden Fall sollten sie der Frau das Gefühl vermitteln, daß sie eine Persönlichkeit hat und daß sie auch deshalb so wichtig und bedeutungsvoll für Sie sei.

Doris: - Es ist schon sehr erniedrigend und traurig, wenn man merkt, daß ein Kerl einen nur wegen des Körpers will. Hauptsache, man bumst mit ihm. Irgend so ein Mäuschen, nicht besser und nicht schlechter als die anderen. Das ist wirklich schrecklich. Auf solche Männer falle ich schon lange nicht mehr rein.

Helga: - Also, wenn ich den Eindruck habe, ich bin bei einem Mann an einen professionellen Aufreißer gekommen, der im Augenblick versucht mich anzumachen und 5 Minuten später die nächste, dann reagiere ich blitzschnell. Nein, mit mir läuft sowas nicht. Für mich kommt eine Bekanntschaft mit Männern nur dann infrage, wenn ich das Gefühl habe, wirklich gemocht und akzeptiert zu werden.

Vielleicht können Sie jetzt so manche Reaktion von Frauen verstehen. Wenn man nur wegen eines riesigen Busens oder eines tollen Hinterns oder auch nur eines bildschönen Gesichts angemacht wird, und sich niemand für seine Eigenschaften und Fähigkeiten interessiert, kann das auf die Dauer ganz schön zermürben. Sie fühlen sich wahrscheinlich wie eine leere Hülle, eine hübsche Verpackung, die man anschließend wegwirft. Dieses Gefühl sollten Sie einer Frau unter allen Umständen ersparen. Selbst wenn es wirklich nur ihr Busen oder ihr Po ist, der Sie so sehr anzieht und aufreizt, dann dürfen Sie es sich nicht anmerken lassen. Natürlich sollen Sie auch eine tolle Figur attraktiv finden können, aber eben nicht ausschließlich die Figur. Das wäre bestimmt der größte Fehler, den Sie machen könnten.

Genauso gefährlich für Ihren Erfolg bei Frauen ist, wenn diese plötzlich die Idee haben, einem professionellen Aufreißer in die Hände gefallen zu sein. Also achten Sie darauf - wenn die Gefahr überhaupt bestehen sollte -, daß Ihr Benehmen nicht wie bei einem Profi wirkt! Kleine Unbeholfenheiten oder Verlegenheiten tun da manchmal Wunder. Und wenn Sie bereits ein Profi sind - wobei sich das Lesen dieses Buches dann wohl erübrigt -, dann lassen Sie es sich wenigsten nicht anmerken. Frauen müssen sich in Sicherheit wiegen können, wenn sie angemacht werden. Ein Profi würde sofort ihr Selbstwertgefühl verletzen. Schließlich wollen Sie ja etwas von der Frau.

DER MYTHOS VOM MÄNNLICH-BRUTALEN

Ich weiß nicht, ob Sie diesem Mythos auch aufsitzen, aber es gibt die Ansicht, daß man als Mann nur dann Erfolg hat, wenn man brutal wie Charles Bronson, gerissen wie Humphry Bogard und cool wie Alain Delon ist. Das scheint mir einer der größten Irrtümer der Menschheitsgeschichte zu sein. Frauen lieben solche Männer jedenfalls nicht! Sie mögen lieber Männer, d. h. solche, die selbstsicher genug sind, um lieb sein zu können. Brutalität und Gerissenheit dienen im Grunde nur dazu, die Angst vor dem abgewiesen werden zu vertuschen. Ähnlich unbeliebt bei Frauen ist eine grobe, derbe Art, die nur Zweideutigkeiten beim Anmachen kennt.

Die berühmten 20 Mädchen sind der Meinung, daß dieses Verhalten alles andere als männlich sei. Daß Männer möglichst direkt oder brutal sein sollen, ist in ihren Augen ein längst überholtes Vorurteil. Zudem ist es auch nie wirkungsvoll gewesen, höchstens im Western auf der Leinwand. Frauen ziehen grundsätzlich natürliche Männer vor, abgesehen vielleicht von wenigen Ausnahmen, die masochistisch sind und sich lieber wie einen Hund behandeln lassen. Ich glaube, die meisten Frauen wollen doch eher wie eine Katze und am liebsten wie eine Königin behandelt werden.

Eine warme, herzliche Art ist immer von großem Vorteil, wenn man eine Frau anmachen will, Güte und Freundlichkeit sind eben sehr gefragt, und wenn Sie sie schon nicht besitzen, dann tun Sie wenigstens so, als ob Sie der gütigste und freundlichste Mann auf der Welt wären. Stellen Sie sich doch nur mal vor, in welchen Situationen sich eine Frau befindet, wenn sie an einer Straßenecke oder im Bus angesprochen wird: Sie muß einfach blitzschnell entscheiden, ob es sich bei dem Fremden um einen Sittlichkeitsverbrecher oder um einen Mann fürs Leben handelt. Das ist nunmal im Bruchteil einer Sekunde verdammt schwer, zumal sich die Entscheidung nicht immer so eindeutig treffen läßt. Und wenn Sie in diese kostbare Zeit mit einer charmanten Bemerkung, wie - mein Gott, Sie sind aber klein - oder - Sie haben aber ein aufregendes Parfüm - hereinplatzen, bekommen Sie garantiert das falsche Etikett. Ersparen Sie sich doch die Plump- und Plattheiten oder die unanständigen Bemerkungen, die besonders beliebt sind, wenn noch ein Geschlechtsgenosse im Bus steht. Stellen Sie sich lieber vor, die Frau sei ein Eisberg, den Sie zum schmelzen bringen sollen. Naja, oder wenigstens ein Eisstückchen. Und dafür benötigen Sie Wärme, viel Wärme und ein wenig freundlichen Charme. Wenn sie sich kalt und unnahbar verhalten, dürfen Sie sich nicht wundern, wenn sich das Mädchen ebenso eisig verhält.

Linda: Ich finde Männer abscheulich, die einen mit dummen Bemerkungen anmachen wollen: - Sind Sie nicht ein bißchen alt für so einen kurzen Rock -, oder -

schon so groß und immer noch Babyspeck -. Solche Typen haben bei mir keine Chance. Ich finde es viel netter, wenn ein Mann über meine positiven Seiten spricht, meine negativen kenne ich doch sowieso.

Renate: Viele Frauen haben Komplexe. Ich auch. Wenn mir ein Mann nicht das Gefühl gibt geliebt zu werden, dann könnte ich überhaupt nicht leben. Männer, die immer nur an mir rumnörgeln und meine Komplexe noch bestätigen, verletzen mich sehr. Ich gehe ihnen aus dem Weg. Nur, wenn ich das Gefühl habe, er mag mich wirklich, so wie ich bin, dann lasse ich mich darauf ein.

Das ist doch nur allzu verständlich. Gibt es nicht schon genug Unglück, und Kälte und Haß auf unserer Welt, um das auch noch tagtäglich mit dem anderen Geschlecht zu schüren. Nicht nur jedes Mädchen, sondern jeder Mensch möchte Geborgenheit, und diese zu geben, kostet nichts und man erreicht so viel. Sie werden sehen, wie viel mehr Sie von einer liebevollen, warmherzigen Beziehung zu einer Frau haben. Das Gefühl geliebt zu werden, belohnen Frauen sehr großzügig mit Liebe und Sex. Wenn Sie sich also ein bißchen Mühe geben, dann können Sie wirklich die tollsten Frauen anmachen. Vergessen Sie das nicht.

DAS KOMPLIMENT

Frauen verbringen ihr halbes Leben vor dem Spiegel. Sie frisieren und schminken sich, ölen sich ein, lackieren sich die Nägel, zupfen sich die Augenbrauen, färben sich die Haare .... Und Sie glauben, es wäre ihnen dann egal, wenn Männer das Ergebnis nicht überschwenglich honorierten. Bestimmt nicht. Sie müssen die Frauen schon ein wenig für ihre Mühe loben.

Doch Spaß beiseite, ein Kompliment kann wirklich Wunder wirken. Auch wenn es nicht immer so ganz zutrifft, wird eine Frau Sie von ganzem Herzen lieben, wenn Sie ihr zu Anfang ein großes Kompliment machen.

Ich stand kürzlich in einem überfüllten Bus. Neben einem Mädchen mit einer unglaublich großen Nase. Sie war wirklich unbeschreiblich lang, aber trotzdem irgendwie sexy. Es gab ihr ein dramatisches, zigeunerähnliches Aussehen. Ich nahm meinen ganzen Mut zusammen und sagte : - Vielleicht klingt es etwas ungewöhnlich, aber ich finde, Sie haben eine fantastisch schöne Nase -. Sie war schockiert und wurde rot. Dann fragte sie skeptisch, ob das wohl ernst gemeint sei. Ich nickte. - Die Nase gibt Ihnen das Aussehen von einer griechischen Göttin -. Das Mädchen war überwältigt, denn ausgerechnet ihre Nase hatte sie nie gemocht, was sie mir gestand. Plötzlich hatte sie das Gefühl, daß auch ungeliebte Teile von ihr positiv und anziehend wirken könnten.

Das war ein perfekter Anfang einer Unterhaltung. Sie erzählte mir gleich noch mehr Dinge über sich, wo sie lebte und arbeitete. Als sie ausstieg, drückte sie mir ihre Telefonnummer in die Hand und forderte mich auf, doch mal anzurufen, was ich einige Tage später tat. Bis heute treffe ich mich regelmäßig mit ihr.

Das war ein Beispiel für eine geschickte Art, Komplimente zu machen. Am besten, Sie suchen sich etwas aus, von dem Sie glauben, daß es die Frau selbst für unattraktiv hält. Irgend eine Kleinigkeit oder ein Detail ihres Äußeren. Machen Sie einfach eine freundliche, nette oder humorvolle Bemerkung dazu und haben Sie einfach keine Angst, daß Sie zu dick auftragen könnten. Über ihr Äußeres können Frauen nie genug Komplimente hören und es ist der sicherste Weg, sie anzumachen.

WO BLEIBT DAS LÄCHELN?

Sie machen doch gerade ein Mädchen an. Wissen Sie denn nicht, wie wirkungsvoll ein Lächeln ist?

Es sollte kein dummes Grinsen und auch kein gekünsteltes Hollywood-Lächeln sein, aber ein Lächeln, ein angenehmes, vertrauenserweckendes, warmes Lächeln. Es gibt nichts, was auf Frauen besser wirkt. Alle 20 Mädchen gestanden mir, daß es eigentlich das Lächeln gewesen sei, das sie fast immer schwach gemacht hätte. Sie fanden es süß oder sexy. Männlich oder verführerisch. Wenn Sie lächeln, bevor Sie eine Frau ansprechen, haben Sie bei der Entscheidung, ob sie Sie für einen Sittenstrolch, Taschendieb oder verführerischen Mann hält schon gewonnen. Ein Lächeln wiegt die Frauen sofort in Sicherheit. Auf viele wirkt ein Lächeln sogar wie eine magische sexuelle Anziehung. Sie empfinden sich schon durch das Lächeln liebkost, geküßt und an- bzw. ausgezogen.

Angelika: - Viele Männer wissen garnicht, daß ein Lächeln eine sehr, sehr sexy wirkende Angelegenheit ist. Das richtige Lächeln bei einem Mann kann mich umgehend stimulieren und heiß machen.

Maria: Wenn mich einer auf nette und freundliche Art anlächelt, dann fühle ich mich entspannt und frei. Ich kann diesen Mann ohne Vorbehalte mögen.

Sie sehen, welche ungeheuren Vorteile ein Lächeln bringt. Also machen Sie auch Gebrauch davon. Und wenn Sie nicht ganz so faszinierend lächeln können, dann versuchen Sie es eben auf Ihre persönliche Art und Weise.... Aber lächeln Sie!

WAS SAG ICH IHR BLOSS ?

Ok, Sie sehen gerade diese Traumfrau auf der Straße. Sie ist unwiderstehlich und Sie sind entschlossen, ins Kloster zu gehen, wenn Sie die nicht haben können. Soviel Entschlossenheit und keine Idee, was Sie ihr eigentlich sagen sollen. Was soll ich ihr als erstes sagen? Auf welchem magischen Satz wird sie mit Ja anstatt mit Nein antworten?

Hier finden Sie einige Vorschläge der befragten Frauen:

Ulla: Ich finde es am besten, wenn einer einfach Hallo sagt.

Cornelia: Ein Mann, der mich anspricht, sollte unbedingt etwas über mein Aussehen oder meine Kleidung sagen. Oder, daß ich schöne Augen habe. Auf jeden Fall muß er mir ein Kompliment machen.

Bettina: Also ich mag nur mit einer sehr netten, lustigen Bemerkung angemacht werden, einer, bei der man spürt, der Mann hat sich Gedanken gemacht und ist wirklich an mir interessiert. Bloß kein Kalauer.

Karola: Das ist sehr unterschiedlich. Manchmal höre ich lieber ein Kompliment und manchmal auch gern einen kleinen Kommentar zu meinem Aussehen. Wenn ich einen Hut aufhabe und ein Typ sagt: - Das ist der wildeste Hut, den ich je gesehen habe, sind Sie genauso wild? - Dann hat er schon eine Chance bei mir.

Gisela: Ich finde ein Mann sollte einfach sagen - Sie gefallen mir, ich würde micn gern mit Ihnen unterhalten. Das genügt doch völlig. Ich finde es übertrieben, wenn jemand etwas total Ausgefallenes vom Stapel läßt.

Maria: Wenn er mich anspricht und mir ein Kompliment macht, dann muß es auch zutreffen, sonst fühle ich mich auf den Arm genommen. Aber ein Kompliment höre ich schon gern.

Renate: Einige Männer glauben, sie müßten sich gleich wie James Bond aufführen. Das finde ich total lächerlich und außerdem weiß ich auch nicht, wie ich darauf reagieren soll. Ich ziehe es vor, wenn ein Mann mich höflich und nett anspricht.

Monika: Ich weiß nicht genau. Auf jeden Fall sollte er keine dumme oder gemeine Bemerkung machen. Lieber ein Kompliment.

Claudia: Viele Männer glauben wohl, es gäbe so ein magisches Wort oder einen zündenden Satz, um ein Mädchen anzumachen. Ich glaube es richtet sich ganz nach der Situation. Am besten ist ein freundliches Lächeln und ein humorvoller Satz oder ein Kompliment. Aber es gibt kein Einheitsrezept.

Gabi: Also ich mag es, wenn Männer richtig rangehen. Wenn einer sagt, ich hätte sexy Beine oder einen tollen Hintern, dann hat er es viel leichter, mich zu verführen, als wenn er mich höflich um ein Gespräch bittet.

Ellen: Ich finde, er sollte sagen: - Haben Sie ein Streichholz - oder - Wie spät ist es - oder - Haben wir uns nicht schon mal irgendwo gesehen? Es sind zwar auch nur dumme Sprüche, aber sie sind einfach zu beantworten und man wird nicht gleich von der Situation überfordert. Wenn mir einer sagt, - Sie sind sehr hübsch - kann ich außer danke doch nicht viel sagen. Oder soll ich ihm vielleicht antworten, - Danke, Sie auch -. Wichtig ist doch, daß man ins Gespräch kommt.

Liselotte: Ich lieb charmante Männer. Ich finde es absolut abstoßend, wenn einer sagt - Na, wie wärs denn mit uns beiden - oder - Kann ich mal Ihre Telefonnummer haben -. Ich ziehe Männer mit Finesse in ihren Redewendungen diesen Schaumschlägern vor. Zum Beispiel gefällt mir ein Satz wie - Ich konnte nicht anders, aber Sie sind mir quer durchs ganze Lokal aufgefallen -. Solche Männer werden nie langweilig werden, weil ihnen der Gesprächsstoff nicht gleich beim zweitenmal ausgeht.

Sie haben sicher bemerkt, daß es beträchtliche Unterschiede gibt. Jedes Mädchen legt auf etwas anderes Wert. Aber drei Aspekte haben sich doch deutlich herausgestellt: Das Kompliment - Das direkte Anreden - Eine freundliche, aber traditionelle Art beim Ansprechen. Die beiden letzten Ansprachearten werden wir in den beiden nächsten Kapiteln untersuchen.

REDEN SIE NICHT UM DEN HEISSEN BREI HERUM

Es gibt eine Menge Frauen, die lieber direkt und offen angesprochen werden, als mit raffinierten Komplimenten oder theatralischen Redewendungen.

Das hat mich eigentlich überrascht, denn ich nahm an, Mädchen könnten dadurch leicht verwirrt oder verletzt sein. Das scheint offensichtlich nicht der Fall zu sein. Mehr als ein Drittel der Mädchen sagten in den Interviews, daß sie sich von einer direkten und offenen Art sehr angesprochen fühlen. Sie betrachten das Anmachen als natürlich und wollen deshalb auch so behandelt werden. Falschen Charme, übertriebene Komplimente und unehrliche Höflichkeit lehnten sie grundsätzlich ab.

Eine Ballettänzerin erzählte mir folgende Geschichte: - Ich stieg in einen Bus und mit mir zusammen stieg ein Mann mit einer Kamera ein. Er setzte sich mir direkt gegenüber und starrte mich die ganze Zeit an. Als ich ausstieg, verließ er auch den Bus. Dann folgte er mir. Weil mir das unheimlich wurde, blieb ich einfach stehen. Da sagte er endlich: Sie sehen so nett aus, ich würde Sie gern kennenlernen. Es verschlug mir den Atem. Ich hatte zwar so etwas erwartet, aber so direkt und voller Komplimente ja auch nicht. Es faszinierte mich irgendwie. Ich verlor mein Mißtrauen und wir begannen eine Unterhaltung. Als ich gehen mußte, gab ich ihm meine Telefonnummer und er rief eine Woche später an. Er lud mich zum Essen ein und wir verbrachten einen netten und amüsanten Abend. Weiter nichts. Leider habe ich seitdem nie wieder etwas von ihm gehört, leider. Es war eine gute Erfahrung. Ich fühlte mich sehr geschmeichelt, daß er sofort auf meine Attraktivität zu sprechen kam.

Wenn Ihnen eine ähnliche Anrede leicht fällt und Sie halten sie in dem entsprechenden Fall für angemessen, dann kann ich sie Ihnen nur wärmstens empfehlen. Es ist die einfachste und zugleich wirksamste Anrede, um eine Frau anzumachen. Probieren Sie es doch mal aus.

DIE TRADITIONELLE ANREDE

Es gibt auch Frauen, die lieber hören, was sie schon kennen. Die Frage - kennen wir uns nicht irgendwo her - mag bei diesen Frauen gut ankommen. Aber seien Sie vorsichtig, wenn es nicht ehrlich und ernst klingt, dann kann es sehr peinlich werden. Benutzen Sie traditionelle Anredewendungen nicht so, als ob Sie sie gerade auswendig gelernt hätten.

Der Vorteil dieser althergebrachten Redewendungen ist, daß man sie einfach anwenden kann. Es gibt den Frauen Gelegenheit, darauf zu antworten. Wenn Sie zum Beispiel fragen, - waren Sie nicht gestern in dem Film »Vom Winde verweht«, - dann kann sie mit Ja oder Nein antworten und Sie haben gleich einen Gesprächsstoff. Viele Frauen fühlen sich auch geschmeichelt, wenn sie gefragt werden, ob man sie nicht schon einmal gesehen hätte.

Neulich ist es einem Freund von mir gelungen, eine Superfrau kennenzulernen, einfach durch eine traditionelle Redewendung. Er hatte sie schon von weitem gesehen, schlank, mit einem perfekten Busen und als er sie an einer Ampel einholte, sagte er, weil ihm nichts besseres einfiel : - Haben Sie nicht mal für die Werbeagentur Eggert gearbeitet? - Nein, lächelte sie, - aber icharbeite in einer anderen Werbeagentur. Vielleicht haben wir uns dort gesehen. - Mein Freund traute seinen Ohren nicht. Sie war auf diesen blöden, traditionellen Satz eingegangen. Ja sie hatte ihn geradezu ermuntert, das Gespräch fortzusetzen. Sie können sich wahrscheinlich denken, wie die Geschichte weiterging. Auf jeden Fall wohnt sie inzwischen bei ihm und das ist doch kein schlechtes Ergebnis bei einem so traditionellen Anmachmanöver.

Der Vorteil dieser Redewendungen liegt darin, daß sie leicht und direkt anwendbar sind und Sie damit niemals in Schwierigkeiten geraten. Eine traditionelle Anredeform ist immer so höflich, daß sich eine Frau nicht angemacht oder beleidigt fühlen kann, auch dann nicht, wenn sie überhaupt nichts von Ihnen will. Sollten Sie also noch neu oder unsicher im Anmach-Geschäft sein, dann ist das sicher eine passende Methode, die in sehr vielen Fällen Erfolg hat.

EIN WENIG
PHANTASIE

Natürlich darf sich das Anmachen nicht nur auf traditionelle Art und Weise beschränken. Es gibt da noch eine hübsche und amüsante andere Methode. Anstatt sich aal-glatt oder wie ein Romanheld zu benehmen, seien Sie doch mal kreativ. Sagen Sie ruhig mal etwas, was Ihnen direkt vom Herzen oder von der Seele kommt. Vielleicht hat eine Frau, die Sie begehren, schöne schwarze Haare, und was spricht dagegen, ihr einfach zu sagen: - Ich möchte Sie gern kennenlernen, weil Sie so tolles schwarzes Haar haben. Oder weil Sie so bezaubernd lächeln, oder ..... Naja, irgendetwas wird Ihnen schon an ihr gefallen.

Ein Standardsatz ist ohne Risiko und geeignet, um ein Gespräch einfach in Gang zu bringen. Aber eine phantasievolle oder wilde Anrede macht hundertmal mehr Spaß - beiden - und kann auch sehr zündende Wirkungen haben.

Eines Nachts ging ein Freund von mir die Leopoldstraße in Richtung Schwabing rein, als ihm ein phantastisch aussehendes Mädchen entgegenkam. Sie sah aus wie eine französische Filmschauspielerin. Als sie an ihm vorbeiging, sagte er - hallo - , aber sie ignorierte ihn und ging weiter. In ihrem abweisenden Verhalten spürte er plötzlich die ganze Kälte und Einsamkeit einer Großstadt, und er geriet in eine verzweifelte Wut. Er rannte hinter dem Mädchen her und redete nur so los : - Verdammt nochmal, wenn man nur mal - hallo - sagt, dann müssen Sie doch nicht gleich weiterlaufen, als ob ich versucht hätte, Sie zu vergewaltigen oder auszurauben. Was ist denn los mit Ihnen? Sind Sie immer so mißtrauisch und argwöhnisch? Oder fehlt es Ihnen an Selbstvertrauen und gutem Benehmen, um einen menschlichen Gruß zu erwidern? Nachdem er sich alles von der Seele geredet hatte, drehte er sich um und ging. Der Traum vom Anmachen war sowieso bei dieser Frau ausgeträumt. Aber da geschah etwas Unerwartetes : Die Bildschöne sagte - hallo - und lächelte ihn verlegen an. Mein Freund hatte bei ihr ins Schwarze getroffen. Seine Aufdringlichkeit und Leidenschaft hatten sie berührt und ihren automatischen Widerstand gebrochen. Sie wanderten die ganze Nacht durch die Straßen von München und redeten über alles. Gegen 5 Uhr morgens gingen sie in sein Appartement und tranken eine Flasche Wein. Die Unpersönlichkeit und Kälte der Großstadt verflüchtigte sich schnell bei ihren Zärtlichkeiten, und sie verbrachten eine sehr persönliche und heiße Nacht zusammen.

Versuchen Sie einfach mal erfinderisch und kreativ zu sein. Lassen Sie ruhig mal raus, was in Ihnen drin steckt. Jeder verbirgt einen ganzen Strom von Phantasie in sich, warum lassen Sie ihn nicht einfach fließen. Bringen Sie Ihre Wünsche und Einfälle ruhig mal an die Oberfläche. Sie wirken Wunder.

Hier sind noch einige Beispiele für wirklich verrückte Anmachmethoden, autentisch berichtet von den befragten Mädchen.

Ruth: - Auf einer Party war ich das einzige Mädchen, das einen Rock trug. Ich saß auf der Couch und unterhielt mich mit dem Gastgeber, als ich plötzlich etwas auf meinen Knien fühlte. Ich drehte mich um, und sah, wie mir ein Typ seine Telefonnummer auf die Knie schrieb. Das fand ich so originell und lustig, daß ich ihn unbedingt auch kennenlernen wollte. Es ist mir auch ohne Schwierigkeiten gelungen.

Erika: - Ich stand eines abends vor meiner Wohnung im Türrahmen und unterhielt mich dort mit einer Freundin. Wahrscheinlich hat es so ausgesehen, als wären wir zwei Nutten, die sich die Zeit verkürzen. Ein Mann kam vorbei, sah uns so und machte eine sehr witzige Bemerkung zu der Situation. Wir gingen auf den Scherz ein und fragten, ob wir ihm nicht irgendwie helfen könnten. Er wollte gern wissen, was er für 50 Pfennig bekommen könnte. - Das haben Sie gerade schon bekommen -, antwortete ich. Er lachte und wir fingen an, uns zu unterhalten. Er war sehr nett und phantasievoll, was ich feststellen konnte, als ich später noch öfter mit ihm ausging - umsonst, versteht sich!.

Klara: Letzte Woche war ich in einem Schuhgeschäft und probierte gerade ein Paar Schuhe an, als ein Mann zu mir kam und sagte: - Ich möchte gern, daß Sie mir die Schuhe aussuchen, denn ich habe mich gerade in Sie verliebt. - Oh, das tue ich gern - antwortete ich amüsiert. Er attestierte mir einen guten Geschmack bei der Wahl seiner Schuhe und lud mich für das Wochenende zu einem Picknick mit Wein ein. Weil mir seine unkonventionelle Art gefiel, sagte ich zu. Die phantasievolle Art war nicht nur eine erfolgreiche Anmachmethode, sondern stellte sich beim Picknick als ein sympatischer Wesenszug heraus. Bestimmt werde ich ihn noch öfter treffen.

EINE AUSWAHL VON
» SPRÜCHEN «

Ich präsentiere Ihnen jetzt eine Auswahl meiner Lieblingssprüche für das Anmachen. Es ist ein reichhaltiges Angebot und bestimmt gibt es auch etwas Passendes für Sie dabei:

- Sie sind bestimmt Fisch.
(Viele Frauen interessieren sich für Astrologie)

- Haben Sie eine Kopfschmerztablette für mich?
(Bitte mit schmerzerfüllter Stimme und nur für die reiferen und mütterlichen Frauen)

- Wie lange brät man eigentlich ein Hähnchen?
(Im Supermarkt, zieht bei fast allen Frauen)

- Hallo
(Einfach, direkt und freundlich)

- Sagen Sie, sitzt meine Krawatte richtig? Ich muß zu einer wichtigen geschäftlichen Verabredung.
(Geeignet für ein Mädchen im Aufzug oder in der Empfangshalle eines Bürogebäudes)

- Ich habe ein fantastisches Buch für Sie zu lesen
(Wenn Sie im Buchladen die Traumfrau entdecken)

- Ich arbeite schon 2 Wochen hier und habe eine Menge hübscher Mädchen gesehen, aber im Vergleich zu Ihnen waren das alles Mauerblümchen.
(Kein Kommentar)

- Noch nie habe ich eine so schöne Augenfarbe gesehen.
(Frauen sind auf ihre Augen immer sehr stolz.)

- Entschuldigen Sie, ich komme von außerhalb und weiß überhaupt nicht, was man hier abends unternehmen kann.
(Klappt immer).

- Ich wette, Sie sind keine Feministin, so gut wie Sie aussehen!
(Suchen Sie sich genau aus, welcher Frau Sie das sagen.)

- Ich liebe Sie.
(nur als Witz benutzen, wenn Sie die Dame noch nicht kennen.)

- Oh, sind Sie nicht Miss Düsseldorf? Ich habe gestern Ihr Foto in der Zeitung gesehen.

- Ich wette, Sie heißen Lisa.

- Sind Sie beim Ballett oder Zirkus oder warum haben Sie so umwerfende Beine?

- Können Sie mir 10 Mark wechseln?

- Wissen Sie, wo das nächste Postamt ist, damit ich Ihnen ein Telegramm schicken kann.
(Wenn Sie sich gerade neu einkleiden und dabei eine tolle Frau entdecken.)

- Sind Sie Französin.
(Wenn ein Mädchen sexy und zierlich ist)

- Sind Sie Schwedin?
(Natürlich nur bei Blondinen.)

- Sind Sie Italienerin?
(Bei den feurig-dunkel-äugigen Frauen.)

- Irgendwoher kenne ich Sie.

- Haben Sie dieses Taschentuch verloren?
(Natürlich hat sie es nicht verloren, sondern Sie haben es gerade aus ihrer Tasche gezogen.)

- Was ist das für ein Hund?
(Achten Sie darauf, daß es tatsächlich ein ausgefallener Hund ist, den das Mädchen an der Leine hat.)

- Was für ein toller Tag, nicht wahr!
(An einem herrlichen Sonntag kann man das ohne Bedenken zu jeder Frau sagen.)

- Lassen Sie mich ihre Tasche tragen, ich möchte nicht, daß Ihr toller Körper sich überanstrengt.

- Warum sehen Sie so traurig aus?
(Das wirkt einfühlsam und sensibel. Sollte aber nur bei passender Gelegenheit gesagt werden.)

- Darf ich Sie unter meinen Schirm einladen?
(Achten Sie darauf, daß es auch wirklich regnet.)

- Wann haben Sie hier Feierabend?
(Zu einer hübschen Verkäuferin.) oder

- Ich bin ein Ladendieb, wollen Sie mich nicht festhalten?

- Ich arbeite für ein Meinungsforschungsinstitut. Was glauben Sie, wer 1984 Kanzler wird?

- Das steht Ihnen hervorragend
(Zu einem Mädchen im Kaufhaus, das gerade etwas neues anprobiert.)

- Sind Sie ein Fotomodell?
(Welche Frau wäre nicht begeistert, für ein Modell gehalten zu werden.)

- Sagen Sie mir doch Ihr Geburtsdatum, ich möchte es als Lotto-Tip verwenden!
(Das wird sie wahrscheinlich nicht tun und schon sind Sie inmitten einer Unterhaltung mit ihr)

- Wo haben Sie diesen tollen Mantel gekauft?
(Erzählen Sie ihr, daß Sie in einer Kleiderfabrik arbeiten und daß der Mantel erstklassig sei.)

- Können Sie mir das Ketch-up rüberreichen?

- Wenn ich viel Geld hätte, würde ich Ihnen das sofort kaufen.
(Wenn ein Mädchen im Museum ein schönes Gemälde bewundert.)

- Schneiden Sie bloß nie Ihre Haare ab.
(Zu einem Mädchen mit herrlichem langen Haar.)

- Gibt es hier in der Nähe ein gutes Restaurant?

- Darf ich Ihnen meinen Sitzplatz anbieten?
(Sagen Sie das in einem halbleeren Bus.)

- Herr Ober, bitte bringen Sie mir dasselbe, was die Dame dort trinkt.
(Anschließend können Sie mit ihr darüber diskutieren, wie es schmeckt.)

- Erzählen Sie mir bloß nicht, Sie hätten eine Verabredung heute abend.

- Sollen wir nicht lieber einen trinken gehen?
(Zu einer anderen Patientin im Wartezimmer des Zahnarztes.)

- Wenn ich eine so tolle Frau wie Sie sehe, dann danke ich Gott, daß ich noch nicht verheiratet bin.

- Ich schreibe gerade ein Buch über das Anmachen von Frauen und würde Ihnen gern ein paar Fragen stellen.
(Das war für mich bisher immer der erfolgreichste Satz.)

WO MAN FRAUEN ANMACHT

Na, ganz einfach: überall. Ob Sie auf dem Mont Blanc oder in der U-Bahn stehen, das ist egal, hauptsache Sie stehen nicht ganz allein dort. Es spielt überhaupt keine Rolle, wo Sie ein Mädchen anmachen, wichtig ist nur, daß Sie es anmachen.

Auch die befragten Mädchen bestätigten das. Natürlich gibt es einige Orte, die sich besser eignen als andere. Wenn Sie zum Beispiel die Traumfrau in der Kirche sehen, müssen Sie sich schon etwas anderes einfallen lassen, als wenn Sie sich auf der Reeperbahn treffen. Das Anmachen im Aufzug wiederum verlangt ein etwas anderes »Timing«, als das auf einem Transatlantikflug.

Sie können in den nächsten Kapiteln genau nachlesen, an welchem Ort welche Methode sich am besten eignet.

BARS UND KNEIPEN

Noch vor 10 - 15 Jahren war es für eine Frau ungehörig, allein in eine Kneipe oder Bar zu gehen. Und wenn sie es tat, dann hat man sie garantiert für eine Dame gehalten, die sich ihren Lebensunterhalt auf diese Weise verdient.

Heute ist das etwas anders. Die vielen Frauen, die Sie inzwischen allein in Kneipen sehen, sind weiß Gott keine Professionellen. Aber sie gehen vielleicht trotzdem aus einem bestimmten Grund allein weg. Vielleicht fühlen sie sich einsam oder sind alleinstehend, aber mit Sicherheit sind sie nicht männerscheu. Also eignen sich Kneipen und Bars hervorragend dafür, Frauen anzumachen. Es sind geradezu die Orte, wo man darauf wartet, schnell unter die nächste Bettdecke zu kommen. Oder meinen Sie, die Frauen gingen aus Leidenschaft für's Biertrinken in die Kneipen. Also, wenn Sie demnächst am Freitagabend in einer überfüllten Bar stehen, wo Sie gleich eine Auswahl an hübschen Frauen ohne Begleitung haben, dann zögern Sie nicht lange. Überlegen Sie sich nichts Kompliziertes, sondern gehen Sie einfach ran, mit - hallo - oder - darf ich Ihnen einen Drink ausgeben. Es ist sowieso zu überfüllt, als daß sie noch eine Chance hätte zu entkommen.

UNTERWEGS

Wenn Sie viel unterwegs sind, in Bussen, Zügen, Flugzeugen, dann haben Sie viel Gelegenheit, nette Frauen kennenzulernen. Zum Beispiel im Flugzeug: Selten fliegen häßliche Frauen und wenn, dann müssen Sie ja nicht gerade neben ihr sitzen. Lassen Sie sich von der Stewardess lieber eine sehr gut aussehende Nachbarin zuteilen, und wenn Sie diese dann nicht anmachen, dann haben Sie eben die beste Gelegenheit verpaßt. Sie haben ja genügend Zeit, um ihr etwas Interessantes zu erzählen und durch Ihre Nähe kann sie sich auch nicht belästigt fühlen, schließlich sind Flugzeuge nun mal platzsparend konstruiert. Nach der Landung - die hoffentlich sanft war - können Sie ihr beim Gepäck helfen und vielleicht gemeinsam ein Taxi in die Stadt nehmen. Scheuen Sie keine Spesen, um sie zum Essen oder Ausgehen einzuladen. Mit ein wenig Geschick gelingt es Ihnen sicher, im selben Hotel zu wohnen, und vielleicht können Sie dem Zimmermädchen am nächsten Morgen die Arbeit ersparen, Ihr Bett zu machen.

Ein guter Freund von mir macht Frauen am liebsten im Zug an, um mit ihnen gleich dort schlafen zu können. Auf längeren Strecken nimmt er sich immer eine Flasche Whisky mit, um für alle Fälle gewappnet zu sein.

Am tollsten trieb er es einmal mit einer Blondine, die ihm schon seit Beginn der Zugfahrt aufreizend gegenübersaß. Nach kurzer Zeit hatten sie die Flasche Whisky leer, und er bestach den Schaffner, dieses Abteil die nächsten zwei Stunden nicht mehr zu kontrollieren. Dieser hielt sich an die Abmachung, und mein Freund konnte ungestört dieses blonde Gift verführen, was ihm wohl ausgiebig und befriedigend gelungen ist.

Aber auch wenn Sie weniger abenteuerlustig sind, gibt es genügend Gelegenheiten, um unterwegs Frauen anzumachen. Vielleicht fahren Sie regelmäßig mit dem Bus oder Zug zur Arbeit. Wenn Sie sich dabei auf eine bestimmte Frau konzentrieren, ist es sicherlich leicht, sie anzusprechen, weil Sie ihr schon vertraut sind. Sie können dann ruhig mal etwas wagen, wie - daß sie der einzige Grund wäre, warum Sie immer pünktlich zur Arbeit kämen, oder, - daß Sie sie einmal aus dem Auto gesehen hätten und seitdem mit dem Bus/Zug fahren würden. Oder Sie fragen einfach, wo sie arbeitet. Die Situation ist in jedem Fall so günstig, daß Sie keine großen Worte zum Erfolg brauchen.

RESTAURANTS

Im Restaurant müssen Sie sich schon etwas Charmantes einfallen lassen, um eine Frau anzumachen. Da gibt es zum Beispiel die hübsche alte Sitte, den Kellner als Ihren Boten zu benutzen. Geben Sie ihm etwas Nettes für die Dame am Fenster in Auftrag: Einen Drink oder einen kleinen Liebesbrief oder die Anfrage, ob Sie an ihrem Tisch Platz nehmen dürfen. Das ist charmanter und kultivierter, als in jedem Roman, und kaum eine Frau wird sich einer solchen Schmeichelei entziehen.

Die meisten Männer haben leider Angst davor, durch einen solchen Versuch lächerlich oder aufdringlich zu wirken. Aber diese ist vollkommen unbegründet. Frauen sind viel aufgeschlossener für phantasievolle und experimentelle Aktionen als Männer.

Sie können einer Frau in einem Restaurant auch einfach ein bestimmtes Gericht empfehlen oder sie zum Nachtisch oder Mocca einladen. Oder erzählen Sie ihr, daß Sie ein noch besseres Restaurant kennen, in das Sie sie gern einladen würden.

MUSEEN

Vielleicht gefallen Ihnen die ernsthaften und intellektuellen Frauen gut, dann ist ein Museum der geeignete Ort, um diese Frauen kennenzulernen. Es wirkt nicht so direkt und anmachend, wenn man jemanden dabei anspricht, wie er gerade Kunst bewundert. Zudem gibt es auch immer gleich einen Gesprächsstoff. Und Frauen gehen sehr oft ohne Begleitung in Ausstellungen und sind sicher nicht böse, wenn sie diese in Begleitung wieder verlassen.

Petra: - Museen sind großartige Orte, um angemacht zu werden. Ich weiß dann gleich, der Mann interessiert sich für Kunst.

Erika: - Ein Museum ist ein angenehmer und erfreulicher Ort, um jemanden kennenzulernen. Es ist ganz normal, daß man mit einem Fremden redet und man fühlt sich nicht so »dumm angemacht«.

Es ist ja auch tatsächlich sehr leicht: Sie stehen vor einem Bild, vor dem bereits eine schöne Frau steht und können Sie einfach fragen, wie es ihr gefällt. Oder Sie erzählen laut drauflos, daß dieses Bild Ihr Lieblingsbild sei. Irgendeinen Kommentar werden Sie bestimmt erhalten.

Ein Freund von mir ist durch ganz Europa gereist und hat die besten Museen besucht, mit dem Ergebnis, daß er in jedem Museum ein Mädchen angemacht hat. Eine wunderschöne Französin, eine Schwedin, eine attraktive Perserin, zwei Kanadierinnen, ein amerikanisches Künstlermodell und viele andere Schönheiten.

Die Moral von der Geschichte ist offensichtlich. Gehen Sie ruhig mal in eine Ausstellung, es gibt dort oft mehr zu bewundern als schöne Kunstgegenstände.

IM WASSER

Wo sieht man die schönsten der geschmeidigen und jungen Frauenkörper? Natürlich im Wasser. Jeder Strand, jedes Schwimmbad und Seeufer ist übersät mit hübschen, jungen Mädchen, die ihre Figur sehen lassen können - und es auch gerne tun. Enttäuschen Sie diese Mädchen nicht. Was glauben Sie, warum sie so aufreizende und knappe Bikinis tragen? Sie ziehen sich deshalb so verführerisch an, damit sie möglichst schnell wieder ausgezogen werden. Sie brauchen an diesen Orten wirklich kaum etwas Ausgefallenes zu unternehmen, um schnell ans Ziel Ihrer Träume zu gelangen. Legen Sie sich einfach in die Nähe eines Mädchens, sagen Sie irgendetwas über das phantastische Wetter oder ihre ebensolche Figur und schon ist alles gelaufen.

Ruth: - Der Strand ist schon etwas herrliches. Ich fühle mich dort wohl und geachtet und kann mich trotzdem sehr freizügig zeigen. Dort werde ich am liebsten angemacht.

Bettina: - Man fühlt sich im Bikini gleich schon in der richtigen Stimmung, um angemacht zu werden.

Jede Sportart, jede Aktivität, die draußen stattfindet, ist bestens geeignet, um dabei Frauen kennenzulernen. Es gibt einfach einen neutralen und unverfänglichen Grund, warum man sich näher kommt. Im Skilift, beim Schwimmen, auf dem Tennisplatz oder bei Ballspielen.

Ellen: - Beim Skifahren kann man gut angemacht werden. Alle sind fröhlich und auf den Skihütten wird immer viel getrunken, damit man nicht friert. Man ist dauernd mit neuen Leuten zusammen am Lift, in der Gondel oder beim Essen in der Skihütte.

Ja - viel frische Luft macht großen Appetit, nicht nur auf eine kräftige Mahlzeit, sondern auch auf's andere Geschlecht. Nutzen Sie also diese Gelegenheit.

PARKS

Meine besondere Leidenschaft gilt den Parks. Dort gehen Frauen häufig allein hin, und sie lassen sich von der romantischen und melancholischen Atmosphäre beeindrucken. Sie finden einen angenehmen stillen Ort, wo sie sich hinsetzen und warten ....., auf einen Mann. Sie träumen von einem verständnisvollen, netten Mann, der kommt und sich zu ihnen setzt und mit ihnen redet. Also, worauf warten Sie noch? Diese Frauen wollen angesprochen und zärtlich behandelt werden. Sie fühlen sich wie die Natur selber im Park und sind deshalb weich und gefügig.

Ein Freund von mir ist mit einer bezaubernden Frau verheiratet, die er vor einigen Jahren im Englischen Garten in München kennenlernte. Er entdeckte sie unter einem Baum, wo sie saß und ein Buch las. Er brauchte nur zu ihr hingehen, sie zu fragen, was sie da lese und schon war die Sache ins Rollen gebracht.

Es klingt fast unglaubwürdig, aber ich versichere Ihnen, daß Parks die besten Plätze sind, um Mädchen anzumachen. Gehen Sie am nächsten sonnigen Tag einmal in Ihren heimischen Park, und Sie werden staunen, was Sie da erleben werden.

Sie finden bestimmt ein Mädchen, das dort allein auf dem Rasen oder der Bank sitzt und ein wenig melancholisch aussieht. Sie ist Ihr Fall ! Gehen Sie hin und seien Sie nett zu ihr. Ich garantiere Ihnen einen hundertprozentigen Erfolg.

DIE GOLDENEN GELEGENHEITEN

Das ist Ihnen doch sicher auch schon passiert, daß Sie bei irgendeiner Gelegenheit einer Frau unfreiwillig so nahe gekommen sind, daß es fast unmöglich war, sie nicht kennenzulernen. Zum Beispiel in einem überfüllten Bus oder Aufzug. Das nenne ich eine goldene Gelegenheit. Und die sollten Sie wahrnehmen, mit aller Kraft und Überzeugung, die Ihnen zur Verfügung steht.

Oder, wenn auf der Straße eine Frau stolpert, zu Boden fällt, dann laufen Sie nicht gleich daran vorbei, sondern helfen Sie ihr. Laden Sie sie zu einer Tasse Kaffee oder einem Drink in das nächste Restaurant ein. Es wäre dumm, keine Vorteile aus diesen goldenen Gelegenheiten zu ziehen, die Sie mit einer Frau zufällig zusammengebracht haben. Sie ereignen sich nämlich nicht so häufig. Also seien Sie wachsam.

Ansonsten müssen Sie sich einfach Gelegenheiten schaffen. Da die wenigsten Frauen dazu neigen, Männer von sich aus anzumachen, bleibt es wohl doch uns Männern überlassen, immer auf der Pirsch zu sein.

Und das sollten Sie absolut ernst nehmen. Das heißt natürlich nicht, daß Sie 24 Stunden von Ort zu Ort rennen, um Mädchen kennenzulernen, aber es bedeutet ganz sicher, daß Sie 24 Stunden lang die Augen aufhalten sollen. Allzeit bereit für den kleinsten Hinweis, die leiseste Andeutung, die Sie irgendwie erreicht. Genausowenig, wie Ihnen gebratene Tauben in den Mund fliegen, hüpfen Ihnen viele Häschen ins Bett. Also seien Sie wachsam und nutzen Sie jede Gelegenheit aus, in der Ihre Chancen gut stehen. Wenn Sie in einen Bus oder Zug steigen, sollten Sie augenblicklich alle Fahrgäste einschätzen. Wenn es nur zwei freie Plätze gibt, einen neben einem alten Mann und den anderen neben einer schönen Frau, dann seien Sie um Gottes Willen nicht so dumm oder feige und setzen sich neben den Opa. Vergessen Sie nicht, was Sie eigentlich vom Leben wollen.

Wenn Sie ein gutaussehendes Mädchen in der Empfangshalle eines Gebäudes entdecken, dann müssen Sie einfach immer in der Lage sein, den gleichen Aufzug wie sie zu benutzen. Sobald sie aussteigt, folgen Sie ihr, auch wenn es nicht Ihre Etage ist. Sie können notfalls immer behaupten, Sie hätten sich geirrt. Das ist auch eine gute Methode, um mit ihr in ein Gespräch zu kommen. Sie lachen über sich selbst und es wird ihr nicht schwerfallen, mitzulachen. Und beim nächsten Irrtum wird vielleicht etwas Richtiges daraus.

Ein Freund von mir erzählte mir neulich, daß er ein irre süßes Mädchen im Bus angemacht habe. Es war ihm nur gelungen, weil er keine Skrupel hatte, sich direkt neben sie zu setzen, obwohl es noch eine Menge freier Plätze gab. Warum sollte er nicht neben jemandem sitzen, neben dem er auch wirklich gern saß. Als der Bus plötzlich bremste, wurde das Mädchen so gegen ihn gedrückt, daß er sie festhalten mußte, weil sie sonst hingefallen wäre. Beide durchzuckte diese Berührung wie ein elektrischer Schlag, und sie haben ihn wohl oft und gern wiederholt, später. Wenn mein Freund sich nicht selbstsicher und entschlossen neben das Mädchen gesetzt hätte, wären sie wahrscheinlich heute nicht befreundet. Sie müssen die günstigen Gelegenheiten einfach herbeiführen. Haben Sie keine Angst, Ihrem Glück ein wenig nachzuhelfen, es lohnt sich doch für alle Beteiligten. Die einfache, räumliche Nähe zu Frauen kann so oft dazu führen, daß Sie ihnen noch viel, viel näher kommen können.

VERSCHIEDENE GELEGENHEITEN

Es gibt natürlich noch viele andere Gelegenheiten, um Frauen kennenzulernen. Und alle kann ich sicher nicht aufzählen, aber so einige lassen sich doch nennen.

Zum Beispiel gehen Sie in eine Bücherei und setzen sich an denselben Tisch, an dem das junge, dynamische Mädchen bereits sitzt. Nehmen Sie an einem Volkshochschulkurs teil oder werden Sie Mitglied in einem Sportclub oder in einer Bürgerinitiative. Gehen Sie in eine Partei oder ein Kaufhaus und kümmern sich dort um die vielen Frauen ohne Begleitung. Viele Verkäuferinnen warten den ganzen Tag auf einen solchen Kunden, der sie nicht nur mit den Fragen nach dem Preis langweilt.

Geben Sie in einem Damengeschäft vor, Sie suchten ein Geschenk für Ihre Schwester. Sie glauben nicht, wie es in solchen Boutiquen von hübschen jungen Frauen wimmelt.

Machen Sie Empfangsdamen oder Chefsekretärinnen an. Die müssen den ganzen Tag hinterm Schreibtisch sitzen und sind glücklich über jede Art von Abwechslung. Gehen Sie Eislaufen oder Tanzen in eine Diskothek. Dort werden Sie eine Menge alleinstehender Mädchen treffen, und es ist ein leichtes sie anzumachen. Schließlich gehen sie ja aus diesem Grund aus.

ZUM ANMACHEN GEBOREN

Ob Sie es glauben oder nicht. Sie haben schon wesentliche Vorteile, wenn es darum geht, Mädchen anzumachen. Sie sind ein Mann.

Was ist daran so außergewöhnlich, fragen Sie. Sie sind von der Natur und der Gesellschaft privilegiert dazu, das andere Geschlecht anzumachen. Es ist Ihre Fähigkeit und Ihr Recht. Eine Frau ist mehr dazu bestimmt abzuwarten. Hat ein Mann am Samstagabend nichts vor, dann kann er immer noch problemlos in die nächste Kneipe oder Bar gehen. Bei einer Frau sieht das schon ganz anders aus: Entweder gilt sie als verwegen oder verzweifelt, als feministisch oder mannstoll. Eine Frau ohne einen Mann hat leicht etwas von einer tragischen Figur, aber ein Mann ohne eine Frau ist ein Held, ein wahrer Mann, ein Cowboy, ein Romantiker oder ein interessanter Junggeselle. Wenn er eine Frau anmacht, findet das jeder natürlich. Umgekehrt wird es eher als Torschlußpanik oder gar als nymphomanisch angesehen. Eine unverheiratete Frau ist mit 35 ausrangiert, eine vertrocknete alte Jungfer, während ein Junggeselle mit 35 genau im richtigen Alter ist. Für ihn fängt das Leben gerade erst an. Frauen sind deshalb zurückhaltender und ängstlicher, wenn es ums Anmachen geht, das sollten Sie berücksichtigen.

Vergessen Sie nicht, daß Sie mit dieser Angst vielleicht zu kämpfen haben, wenn Sie sich einer fremden Frau nähern. Sie sind der Mann und auf Ihre Initiative kommt es an. Ohne Entschlossenheit geht es nicht.

Statistisch gesehen gibt es viel mehr alleinstehende Frauen als Männer und in manchen Städten gibt es sogar bis zu 20 % mehr Frauen. Das ist doch eine verdammt gute Ausgangsposition, finden Sie nicht? Seien Sie froh, als Mann geboren zu sein!

Auch die interviewten Mädchen fanden, daß es viel zu wenig alleinstehende Männer gibt. Sie können sich vorstellen, wie schwierig die Situation für diese Frauen ist und das sind noch talentierte und gut aussehende Frauen.

Maria: - Es gibt einfach nicht genügend Männer. Die meisten Mädchen treffen sich nur mit einem Mann regelmäßig. Aber viele Männer treffen sich mit 3 oder mehr Frauen. Das finde ich ungerecht.

Erika: - Die meisten Mädchen finden es ganz schön blöd, immer darauf zu warten, daß sie ein Mann anmacht. Dieser Konkurrenzkampf um die Männer ist unerträglich und schürt nur noch mehr Rivalität unter den Menschen.

Wenn man nicht sofort für einen Mann zu allem bereit ist, dann findet er sofort ein anderes Mädchen, das alles mit sich machen läßt, nur um an einen Mann zu kommen.

DER MUT

Eine der interessantesten Informationen, die ich aus den 20 Interviews erhielt, war diese: Es spielt keine Rolle, wie ein Mann aussieht, was für einen Beruf oder Geschmack er hat. Es gibt eine einzige Sache, die ihn grundsätzlich auszeichnet und zwar hundertprozentig, das ist: Er kann Frauen anmachen. Es ist das schmeichelhafteste und tollste, was man über Männer sagen kann. Um Konventionen braucht er sich nicht zu kümmern, wichtig ist, daß er mutig ist, mutig genug, um auszugehen und Frauen anzumachen. Frauen mögen das. Es gibt Ihnen das Gefühl, daß sie sich in der Obhut eines mutigen und starken Mannes befinden.

Claudia: - Ich liebe Männer, die Frauen anmachen. Das ist mutig und bedeutet, daß sie energisch und ehrgeizig sind und den Mut aufbringen, neue und erregende Dinge auszuprobieren.

Ein Mann, der einfach genug Courage hat, eine fremde Frau anzusprechen, bedeutet in ihren Augen sehr viel! Viel mehr als die Menge von Männern, die stillschweigend an ihr vorrübergehen. Allein schon den Mut aufzubringen, - hallo - anstatt nichts zu sagen, das imponiert den Frauen gewaltig.

Beate: - Es ist mir vollkommen klar, daß ein Mann viel Mut braucht, um mich auf der Straße anzusprechen. Es macht mir auch überhaupt nichts aus, wenn er es etwas ungeschickt anstellt, am wichtigsten finde ich, daß er es überhaupt macht. Das beeindruckt mich immer sehr.

Karin: - Ein Mann, der Mädchen anmacht, ist auf irgendeine Art und Weise besonders attraktiv. Es gibt ihm einen verwegenen und männlichen Charme, der viel mehr wert ist als Aussehen und Geld.

Es ist wichtig, dies alles zu wissen, Sie können eine ganze Menge Selbstvertrauen daraus schöpfen. Außerdem ist es doch sehr angenehm zu wissen, daß Mädchen davon beeindruckt sind, was Sie sowieso am liebsten mit ihnen machen: sie anmachen. Also denken Sie daran, wenn Sie das nächste Mal auf eine Frau zugehen, schon in dem Moment, in dem Sie diese Frau ansprechen, wird sie von Ihnen beeindruckt sein, allein, weil Sie den Mut dazu aufgebracht haben. Das Anmachen erhöht ihre anziehende und männliche Wirkung enorm, und Sie bekommen damit das Image eines Mannes mit Sexappeal.

WIE IM FILM

Die berühmten 20 Mädchen waren sehr davon angetan, endlich mal über das Anmachen offen sprechen zu können. Sie entwickelten während der Interviews viel Gefühl für die Probleme der Männer und fragten mich fast alle, weshalb die meisten Männer bloß so scheu seien. - Warum in aller Welt werden Frauen nicht häufiger angemacht? Und warum ist den Männern nicht klar, daß die Frauen nur darauf warten, angemacht zu werden.

Ja, das wird Sie überraschen. Aber die meisten Frauen finden es ungeheuer erregend und abwechslungsreich, angemacht zu werden. Sie haben einfach Spaß daran. Wenn ein völlig Fremder sich einem Mädchen aus dem Nichts heraus nähert, dann fühlt sich dieses Mädchen geschmeichelt, hübsch, feminin und sexy. Nichts auf der Welt macht eine Frau glücklicher, als das Gefühl zu haben, Männer finden sie sehr sexy. Erzählen Sie einer Frau gerade heraus, daß Sie sehr gern mit ihr ins Bett gehen würden. Ich glaube kaum, daß sie Ihnen ins Gesicht springen wird. Auch wenn sie es öffentlich nicht zugibt, sie ist total verrückt danach, so etwas zu hören. Für Frauen ist das Anmachen eine wilde, abenteuerliche und romantische Angelegenheit. Etwas, was dauernd in Romanen und Filmen passiert. Es gibt ihnen soviel Bewunderung, wie sie nur ein Filmstar erhält und sie fühlen sich ebenso attraktiv und sexy wie die Leinwandheldinnen.

Ellen: Sie sollten in Ihrem Buch ausdrücklich betonen, daß Männer niemals Angst haben sollten, sich einer Frau zu nähern. In meinem ganzen Leben haben mich bisher nur drei Männer angesprochen und das fand ich großartig. Aber ich wünschte es würde viel öfter vorkommen. Es gibt dem Leben doch erst die nötige Würze.

Wiltrud: - Es gibt nichts, was mir mehr schmeichelt, als wenn mich ein Mann anmacht. Ich wäre sehr verletzt, wenn mich auf einer Party oder in einer Bar niemand ansprechen würde. Schon die Vorstellung macht mich ganz krank.

Von dieser »bitte machen Sie mich an«-Einstellung hatte ich früher überhaupt keine Ahnung. Bevor ich dieses Projekt begann, hätte ich noch nicht einmal im Traum daran gedacht, daß es so ausgeprägte Wünsche bei Frauen gibt, die nur durch das Ansprechen und Anmachen zu erfüllen sind.

Ich hatte mir nie das Ausmaß an Erregung vorgestellt, das auch eine Frau dabei haben kann, wenn ich sie gerade versuche anzumachen. Keine Neuigkeit inspirierte mich je mehr als diese.

Es wurde mir endlich klar, daß Frauen ganz anders über Männer denken, als ich es immer befürchtet hatte. Sie betrachten einen Mann, der sie anspricht nicht im entferntesten als einen lüsternen Wüstling oder Sittenstrolch, sondern eher als lang ersehnten, männlich-sexy wirkenden Filmhelden. Wie sehr hatte ich immer Paul Newman beneidet, und nun war ich es selber. Da stehen sich zwei angeblich feindliche Geschlechter gegenüber, und im Grunde sind sie sich so einig: Sie wollen beide genau dasselbe voneinander, nur war ihnen das bisher nie so klar. Es war immer ein bißchen Versteckspiel und falscher Stolz nötig gewesen, bevor man ans Ziel seiner Träume gelangte.

Aber es ist auch eigentlich selbstverständlich, daß Frauen begeistert davon sind, angemacht zu werden. Stellen Sie sich doch nur vor, Sie säßen irgendwo allein und da käme eine hübsche Frau auf Sie zu und spräche Sie einfach an. Na, das würde Ihnen doch auch gefallen. Wenn mich schon eine Frau auf der Straße anspricht, dann muß ich ja umwerfend viel Sexappeal haben.

Und Frauen ergeht es eben ganz genauso, wenn sie angemacht werden. Das dürfen Sie nie vergessen. Wenn Sie also das nächste Mal auf ein Mädchen zugehen, dann zögern Sie nicht, sondern denken daran, Sie sind gerade dabei, ihr einen großen Gefallen zu tun. Sie bringen eine Erregung, etwas Dramatisch-Romantisches in ihr Leben, statten Sie es mit der richtigen Würze aus. Und das passiert nicht auf der Leinwand, sondern in Wirklichkeit und genau das macht es für beide so herrlich und aufregend.

GREIFEN SIE ZU

Je mehr ich mit den befragten Mädchen sprach, um so deutlicher wurde ein Phänomen. Am liebsten würden die Frauen das Anmachen selbst in die Hand nehmen. Sie sind viel zu ungeduldig. Es macht sie nervös, daß viele Männer so schüchtern und vorsichtig sind.

Beate: - Es ist schrecklich frustrierend, daß es nicht die Rolle der Frau ist, Männer anzumachen. Ich fühle mich wie gefesselt. Manchmal spreche ich schon einfach Männer an, die mir gefallen. Aber die reagieren meistens völlig verstört. Ich kann nicht verstehen, warum Männer so zurückhaltend und feige sind. Wir Mädchen haben doch nur eins im Sinn, nämlich angemacht zu werden. Also wovor haben denn die Männer so Angst? Ich könnte verrückt werden, wenn ich darüber nachdenke.

Elke: - Ich bin in einem Bus und ein Mann bietet mir seinen Sitzplatz an. Wenn der interessant aussieht, dann versuche ich alles mögliche, um angemacht zu werden. Entweder ich stelle eine Frage nach einem interessanten Ort, einem Antiquitätengeschäft oder einem antiken Gebäude, oder ich mache irgendeinen Scherz. Auf jeden Fall versuche ich, mit ihm vernünftig ins Gespräch zu kommen, damit er seine mögliche Angst verliert. Aber das ist immer ganz schön schwierig.

Ein Mädchen - außergewöhnlich attraktiv und mit einem Doktor in Geschichte - beklagte sich bitterlich über diesen frustrierenden Zustand, daß es eine Menge Männer und Frauen gibt, die zusammengehören, aber nicht zusammenfinden.

Gabi: - Warum greifen die Männer denn nicht zu? Ich wünschte, sie hätten etwas bessere Nerven, wenn es darum geht, Mädchen anzumachen. Mein Gott, dabei ist es doch wirklich kein Kunststück. So oft habe ich bemerkt, daß ein Mann von mir beeindruckt war, aber trotzdem nicht den Mut aufbrachte, mich anzusprechen. Und das ist ein ganz schreckliches Gefühl. Vielleicht waren sie alle zu schüchtern oder hatten Angst davor, von mir abgewiesen zu werden. Wenn sie bloß wüßten, daß ich mich immer nur danach gesehnt habe, angesprochen zu werden, dann wäre es ihnen bestimmt leichter gefallen. Aber ich kann mir ja schließlich kein Schild umhängen, auf dem steht: Mach mich an! Der Instinkt sollte es den Männern eigentlich verraten, was Frauen wirklich wollen. Immer wenn so etwas passiert, brauche ich meine ganze Selbstbeherrschung, um diesen Männern nicht sofort um den Hals zu fallen, denn das würde sie wahrscheinlich noch mehr verängstigen. Aber anschließend muß ich immer allein nach Hause gehen und weiß dabei, daß sich jetzt gleich zwei Menschen allein und deprimiert fühlen. Darüber müssen wir hinwegkommen. Schreiben Sie das bitte in dem Buch.

Ich kann dieser traurigen und richtigen Feststellung nur noch hinzufügen: Greifen Sie doch zu?

WIE BRINGT MAN FRAUEN ZUM ANMACHEN

Das ist ein schwieriges Kapitel. Selbst nach der Frauenbewegung ist die Gleichberechtigung beim Anmachen noch lange nicht hergestellt. Eine Frau, die einen Mann anspricht, gilt meistens noch als leiches Mädchen oder als mannstoll.

Trotzdem gibt es eine einfache und wirksame Technik, mit der Sie Frauen dazu bringen können, SIE anzumachen. Begeben Sie sich einfach in Regionen, in denen hauptsächlich Frauen bewegen. Zum Beispiel besuchen Sie einen Ballettkursus. Da werden Sie leicht der Hahn im Korb sein und bei so gehäufter weiblicher Konkurrenz wird es nicht lange dauern, daß Sie angemacht werden. Träfen Sie all dieselben Mädchen auf einer Party, dann hätten Sie wahrscheinlich kaum eine Chance, von Ihnen angemacht zu werden. Haben Sie keine Angst, daß Ihre Freunde über Sie lächeln oder dumme Bemerkungen machen, wenn Sie eine Ballettklasse besuchen. Schließlich gehen Sie ja aus einem bestimmten Grund dorthin, und wenn Sie erstmals erfolgreich angemacht worden sind, werden Ihre Freunde ganz schnell verstummen.

Oder gehen Sie in einen Näh- oder Kochkursus, oder lernen Sie eine handwerklich-künstlerische Tätigkeit. Es wird immer ein sehr günstiges Verhältnis von Frauen zu Männern dort geben. In jedem Fall wird die Konkurrenz niemals groß sein und Sie immer der umschwärmte, nette und einzige Mann.

Wenn es Ihnen anfänglich komisch oder unangenehm erscheint, vergessen Sie nicht, daß Sie auf die Dauer großzügig belohnt werden, durch ein ausgiebiges und erfülltes Liebesleben.

Sie können sich auch in der Bibliothek eines Mädcheninternats begeben, um dort vorzugeben, daß Sie an einer wichtigen Forschungsarbeit schreiben. Was meinen Sie, wie lange es dauern wird, bis Sie die erste eindeutige Einladung erhalten. Oder halten Sie sich in der Nähe von Krankenhäusern auf, denn Krankenschwestern sind selten scheu und zimperlich. Gehen Sie einfach in die Cafeteria des Krankenhauses oder Schwesternheims oder in eine nahegelegene Kneipe und warten Sie. Ich verspreche Ihnen, es wird nicht lange dauern, bis Sie eine hübsche Krankenschwester anspricht.

Nehmen Sie also jede Gelegenheit wahr, bei der Sie der einzige Mann weit und breit sind. Es ist eine sehr erfolgreiche Methode, um Frauen dazu zu bringen, Sie anzumachen.

LASSEN SIE SICH ZEIT

Vielleicht meinen Sie, Frauen anmachen, das bedeutet sie anzusprechen und 5 Minuten später mit ihnen ins Bett zu gehen. Weit gefehlt. Ein solches Aufreißen ist nicht nur fast unmöglich, sondern hat auch nichts mit sinnvollen Anmachmethoden zu tun. Wenn Sie es in 5 Minuten noch nicht geschafft haben die Frau zu verführen, dann sind Sie alles andere als ein Versager.

Wir müssen nochmal ganz klar festhalten, daß Frauen-anmachen bedeutet: Eine fremde Frau kennenzulernen, ohne je vorgestellt worden zu sein. Damit kann man schon genügend Probleme haben, wie wir es ja zu Anfang sahen. Wenn es trotzdem passiert, daß Sie nach 5 Minuten mit dem Mädchen im Bett landen, dann ist das natürlich kein Verhängnis. Um so besser. Aber wenn Sie erst mal bescheiden ihre Telefonnummer bekommen haben, dann waren Sie doch auch schon sehr erfolgreich. Immerhin haben Sie sie angemacht, und so läuft das auch üblicherweise ab.

Nur nichts überstürzen, denn damit können Sie alles verderben. Wenn Sie sofort das Bett vor Augen haben, sobald Sie eine Frau ansprechen, werden Sie wahrscheinlich nur nervös und vielleicht sogar ängstlich. Wie schnell Sie die Angebetete dahin befördern können, bleibt zunächst offen. Nehmen Sie sich doch einfach Zeit. Das ist besser für Sie und das Mädchen, was sich anderenfalls nur abgeschreckt fühlt. Die meisten Frauen ziehen es nämlich vor, erst mal ausgeführt zu werden oder wenigstens Ihren Namen zu kennen, bevor sie mit Ihnen schlafen.

Also Telefonnummern oder Rendez-Vous sammeln, das ist schon ein großartiger Schritt zum Erfolg. Wenn Sie am Freitagnachmittag ein Mädchen kennenlernen und sie geht sogar noch am selben Abend mit Ihnen aus, würde es Ihre Gelassenheit zu sehr auf die Probe stellen, wenn Sie nicht auch an diesem Abend mit ihr ins Bett gehen? Und Sie ahnen gar nicht, was Sie sich mit ein wenig Geduld erkaufen: Wenn Sie es fertigbringen, sie erst am Wochenende zu verführen, wird sie inzwischen schon so ungeduldig und heiß sein, daß es keine Mühe mehr kostet.

Ein wenig geduldige Zurückhaltung wird immer als gute Erziehung oder Anständigkeit gewertet und erhöht auf beiden Seiten den Reiz der Angelegenheit. Eine Frau, die nicht am selben Abend verführt wird, ist beim nächsten Treffen umso interessanter und heißer. Es bedeutet für sie eine Mischung aus Achtung und Herausforderung und beides steigert die Attraktivität des Mannes, der den Mut und die Nerven hat, sich Zeit zu lassen. Gewiß, es ist ein Spiel mit dem Feuer, aber wenn Sie es gewinnen - und das gewinnt man fast immer - dann brennt es um so heißer.

DER ÜBUNGSPLAN

Mädchen anmachen, will gelernt sein. Am Anfang ist es wie ein kaltes, dunkles Meer, dem Sie gegenüberstehen, um darin zu schwimmen. Die einen stürzen sich todesmutig in die Fluten, die anderen gehen lieber vorsichtig, Schritt für Schritt, ins Wasser.

Wenn Sie zu der letzten Gruppe gehören, dann ist es vielleicht besser, unserem einmonatigen Übungsplan zu folgen. Er funktioniert folgendermaßen: Geben Sie sich einen Monat Zeit. Während dieser Zeit versuchen Sie Mädchen anzumachen. Rechnen Sie ruhig damit, zurückgewiesen zu werden. Das ist ganz normal, schließlich sind Sie ein Neuling auf diesem Gebiet. Vergessen Sie niemals, daß Sie nur üben. Während Sie trainieren, versuchen Sie so viel wie möglich zu lernen. Entwickeln Sie ein Gespür für das Anmachen. Verlieren Sie allmählich die Angst vor dem abgewiesen werden. Sie üben ja schließlich nur und können vollkommen frei und gelassen an die ganze Sache herangehen.

Setzen Sie sich erst kleine Ziele, dann größere und wenn Sie eine Frau dann schon ohne Stottern und Hemmungen ansprechen können, dann versuchen Sie ruhig auch mal sie einzuladen.

Aber seien Sie nicht enttäuscht, wenn sie nein sagt. Das wird Ihnen im Leben noch oft passieren, und schließlich hängt auch nicht Ihr Leben davon ab. Genau diese relaxte Einstellung dazu müssen Sie am Ende der Übungszeit erreicht haben. Dann können Sie richtig loslegen.

BLEIBEN SIE COOL

Sehr wichtig ist es, mit dem Mädchen, das Sie angemacht haben, ständig in Kontakt zu bleiben. Nur, weil
Sie einmal mit ihr geredet haben oder ihre Telefonnummer kennen, wird sie nicht gleich jede andere Verabredung abschlagen. Also, halten Sie die Beziehung in
Spannung. Machen Sie durch viele neue Dinge auf sich
aufmerksam. Sie müssen dabei unbedingt einen kühlen
Kopf behalten. Seien Sie nicht zu überschwenglich und
begeistert von ihr. Machen Sie sich vor allen Dingen keine Sorgen. Die Fragen - was soll ich jetzt bloß anstellen, -
oder - wie soll ich nun weitermachen -, müssen Sie ganz
cool aus Ihrem Bewußtsein verbannen. Es darf keine
Angst davor geben, ob sie Sie gar häßlich, zu klein oder
sonst etwas findet.

Machen Sie sich keine Sorgen. Während Sie dastehen und mit ihr reden, geht ihr vielleicht genau dasselbe durch den Kopf. Und das führt doch zu nichts. Bleiben
Sie cool. Nur die Leute, die sich unbeschwert und selbstverständlich auf alles einlassen können, sind erfolgreich.
Wenn Sie in der Lage sind, ganz gelassen zu sein, dann
wird es Ihr Gegenüber auch sein. Somit ist Ihr Anma-
cherfolg gesichert.

Es ist erwiesen, daß Leute, die vermeiden können, nervös zu werden oder in Panik zu geraten, viel erfolgreicher sind und erheblich besser dastehen als solche, die ängstlich und neurotisch nervös sind.

Selbstsicherheit ist der erste und wichtigste Schritt zum Erfolg mit Frauen. Alles andere ist zweitrangig.

EIN NAME IST MUSIK IN IHREN OHREN

Es gibt einen fantastischen kleinen Trick, den Sie immer anwenden müssen, wenn Sie sich für Frauen interessieren. Finden Sie so schnell wie möglich Ihren Namen heraus und gebrauchen Sie ihn sehr häufig. Das gefällt jeder Frau. Es klingt persönlich und interessiert und macht einen sensiblen und einfühlsamen Eindruck. Es ist eines der einfachsten Methoden, um Frauen zu schmeicheln. Es kostet Sie nichts. Keine Angst, keine Überwindung.

Denken Sie darüber nach, mögen Sie es nicht auch besonders, wenn eine Frau zärtlich Ihren Namen sagt. Was meinen Sie, wie schön es ist, wenn man erst gerade jemanden kennengelernt hat und der spricht Sie dauernd mit Namen an. Sie wird gleich das Gefühl von Zärtlichkeit und Verständnis haben, und Sie brauchen nicht einmal etwas vorzutäuschen.

Ihr Name ist einer Frau Musik in Ihren Ohren, und wenn Sie einfach zum Erfolg kommen wollen, dann lassen Sie diese Musik doch mal ein wenig öfter erklingen.

WAS SIE AM ANFANG BESSER VERMEIDEN

Ja, über was redet man mit einem völlig Fremden. Ich würde Ihnen raten, nicht ausgerechnet mit einer ausführlichen Beschreibung Ihrer sexuellen Vorlieben anzufangen. Oder die Frau nach der ihrigen zu befragen. Und am besten erzählen Sie dem Mädchen auch nicht sofort, daß Ihr Vetter drogensüchtig oder Ihre Schwester lesbisch ist. Werden Sie doch nicht gleich so persönlich. Es gibt doch auch noch andere Themen, über die man sich unterhalten kann.

Wenn das Mädchen nach 5 Minuten der Unterhaltung zugibt, daß sie aufgehört hat Unterhosen zu tragen, dann können Sie allerdings auch zu persönlichen Themen greifen. Aber Sie dürfen niemals damit anfangen und somit Gefahr laufen, von ihr die Handtasche um die Ohren gehauen zu bekommen.

Wenn man eine Frau neu kennenlernt, dann ist das genauso, als ob man irgend jemanden neu kennenlernt. Und dabei fallen Sie ja auch nicht gleich mit der Tür ins Haus. Oder pflegen Sie ihrem neuen Arbeitgeber gleich vorzuhalten, wie klein er sei oder wie oft Sie hintereinander mit einer Frau schlafen können.

Also, wenn Sie zum ersten Mal mit einem Mädchen reden, dann wärmen Sie das Gespräch zunächst einmal an, bevor Sie gleich zu den delikaten Dingen kommen. Beginnen Sie mit allgemeinen und leicht verständlichen Themen, und wenn die Unterhaltung fortgeschritten ist, können Sie auch ruhig mal etwas persönliches fragen oder erzählen. Sie schaffen damit ganz behutsam eine emotionale Verpflichtung, so daß das Mädchen das Gefühl bekommt, Sie seien ein verständnisvoller und einfühlsamer Partner.

Alle Frauen haben Ihre kleinen Besonderheiten und Interessen. Stewardessen erzählen gern über fremde Städte und Länder oder über unzufriedene Passagiere. Krankenschwestern interessieren sich mehr für Krankheiten und Heilungsmethoden. Eine sensationelle Anmachmethode besteht darin, herauszufinden, für welche Dinge sich eine Frau interessiert, um dann mit ihr darüber zu reden.

Wenn sie Amerika liebt, dann reden Sie mit Ihr über den „amerikan way of life", über das weite Land, die einzelnen Staaten und Ihre Verschiedenheiten. Wenn das Mädchen gern kocht, dann fragen Sie, welche exotischen Gerichte sie bevorzugt oder ob sie gern Knoblauch ißt. Am besten ist allerdings, wenn eine Frau Sie in ganz persönliche Dinge einweiht und Sie darüber mit ihr sprechen können.

Sie fühlt sich Ihnen dann sehr verbunden und findet Sie viel sympatischer, weil sie spontan zu Ihnen Vertrauen entwickeln konnte. Das ist immer der Grundstein zu einer erfolgreichen Liebesbeziehung.

DER HUMOR

Frauen lachen gern. Frauen lieben es, wenn Männer Humor haben. Es schafft eine Atmosphäre von Vertrauen, wenn sie mit einem Mann herzhaft lachen können. Sie fühlen sich von Ihren Worten gekitzelt, bevor sie mit Ihren Händen kitzeln.

Schöpfen Sie ruhig Ihr ganzes Talent aus, um ein Mädchen zum lachen zu bringen. Das steigert Ihre eigene Attraktivität enorm. Ein humorvoller und witziger Mann ist grundsätzlich beliebt. Das bedeutet natürlich nicht, daß Sie sich gleich wie ein Clown benehmen sollten, oder Witze auf Kosten anderer reißen. Seien Sie einfach witzig und amüsant, denn ein natürlicher Humor wird sehr bewundert und ist immer ansteckend.

Maria: Ich liebe die Fröhlichkeit im Leben. Miesepeter kann ich nicht ausstehen. Wenn sich mir ein Mann mit Witz oder auf humorvolle Art und Weise nähert, dann hat er eigentlich schon gewonnen.

Erika: Ein lustiger Typ hat immer Chancen bei mir. Ich mag diese ernsthaften Problemdiskussionen nicht, sondern lache lieber.

BLEIBEN SIE
AM BALL

Noch heute ist es nicht immer ganz leicht für Frauen, auf das Angemachtwerden zu reagieren. Viele fühlen sich immer noch ein wenig betreten oder haben ein schlechtes Gewissen, wenn sie ohne weiteres mit einem fremden Mann reden. Sie befinden sich in dem Konflikt zwischen dem Wunsch, diesen Mann gern kennenzulernen und der Norm, daß man so etwas doch nicht tut. Viele Frauen leiden noch unter den Folgen einer zu strengen Erziehung, und so sind sie gezwungen, sich häufig noch kälter und abweisender zu geben, als sie es eigentlich wollen.

Helena: Von Kindesbeinen an lernt man, daß es da ein paar Dinge gibt, die man niemals tun darf, weil man ein Mädchen ist. Zum Beispiel, daß man nie mit gespreizten Beinen sitzen oder mit fremden Männern sprechen soll. Das ist der Grund, warum Männer nicht so schnell aufgeben dürfen. Eine Frau muß das Spiel spielen, daß sie nur schwer zu bekommen ist. Bloß kein leichtes Mädchen sein. Dafür braucht ein Mann eben viel Zeit und Geduld und Ausdauer.

Unbewußt haben Frauen oft ein schlechtes Gewissen, wenn Sie angemacht werden. Das sind die bitteren Früchte der falschen (Mädchen-) Erziehung. Seien Sie also ein wenig nachsichtig und geduldig, wenn alles nicht auf Anhieb klappt. Vor allen Dingen geben Sie nicht gleich auf. Sie wissen doch jetzt, warum sie sich so benimmt, aus Angst billig zu wirken. Bleiben Sie also am Ball.

Ella: Es ist doch so leicht zu durchschauen, wenn eine Frau absolut unanmachbar erscheint, daß das genau das Gegenteil heißen soll. Solange eine Frau überhaupt den Mund auftut, kann jeder Mann sicher sein, daß sie auch angemacht werden will.

NUR DIE GEGENWART ZÄHLT

Kennen Sie das Gefühl auch? Sie sehen ein fantastisches Mädchen an Ihnen vorübergehen und sind nur von dem einen Gedanken besessen: - Ich muß sie unbedingt anmachen. Aber dann passiert etwas Seltsames: Genau in dem Moment, in dem Sie bereit sind, sie anzusprechen, hält Sie plötzlich etwas zurück. Sie haben das Gefühl, daß Sie eigentlich gar nicht wollen, daß jetzt nicht der richtige Zeitpunkt sei. Sie glauben, daß erst mehr Erfahrung benötigen, oder wollen sie lieber ein anderesmal anmachen, u.s.w. Aber das sind absolut gefährliche Gedanken. Es gibt nämlich kein morgen. Dieses Mädchen läuft Ihnen nur hier und heute und jetzt über den Weg, und wenn Sie auch nur zögern, aufgrund irgendwelcher Bedenken, ist die Gelegenheit vorbei und plötzlich Vergangenheit. Anmachen können Sie nur und ausschließlich in der Gegenwart. Es geht immer nur jetzt oder nie. Nur wenn Sie die Gegenwart nutzen, wenn Sie immer gegenwärtig leben, leben Sie überhaupt. Wenn Sie die gegenwärtigen Chancen andauernd vorbeigehen lassen und verpassen, werden Sie Ihrem Leben immer nur hinterherrennen.

Also, zaudern Sie nie! Jede Gelegenheit bietet sich nur jetzt oder nie. Sie ist immer nur Gegenwart, Sie müssen nur soviel Spontanität und Lebensmut aufbringen, um immer zu wissen, die Gegenwart ist alles.

Suchen Sie also bei guten Gelegenheiten keine Entschuldigungen, sondern nutzen Sie diese. Sie haben überhaupt keine andere Wahl, wenn Sie an Frauen und am Leben interessiert sind. Vertröstungen auf ein anderes Mal führen nur dazu, daß Sie die Gelegenheit für alle Male verpaßt haben. Das darf Ihnen nicht mehr passieren.

SIE MÜSSEN IN AKTION TRETEN

Sie dürfen Ihre Chancen nicht mehr verpassen. Also treten Sie in Aktion. Sofort und unmitttelbar. Sagen Sie irgendwas, damit Sie garnicht mehr zögern können. Sie brauchen nur mit einem Wort, mit einem kleinen Satz den Kontakt anzuknüpfen. Haben Sie das geschafft, dann sind Sie in einen Kontakt getreten, der nicht mehr rückgängig zu machen ist. Sie agieren und damit haben Sie 3/4 des Kampfes schon gewonnen.

Selbst wenn Sie einen Mißerfolg haben sollten, ist die Aktion besser, als wenn Sie garnichts gemacht hätten. Nur durch Aktion haben Sie die Chance erfolgreich zu sein. Nur dann können Sie sich tapfer und mutig fühlen. Ohne Einsatz, kein Gewinn! Und wenn Sie das erst richtig gelernt haben, wird Ihnen auch kein einziger Mißerfolg mehr etwas ausmachen. Ich bin sicher, daß Sie dann immer mehr Erfolge haben werden. Denn Aktion macht selbstsicher, und Selbstvertrauen ist doch der erste Schritt zum Erfolg bei Frauen. Oder haben Sie es etwa schon vergessen?

In dem Moment, in dem Sie sich ihr nähern, setzen Sie alles, was Sie hier gelernt haben, ein. Scheuen Sie keinen Trick und keine Methode. Es muß nur angemessen sein, aber ansonsten ist es völlig egal, was Sie machen. Nur die Aktion bringt Erfolg - (Schließlich gilt dieses Gesetz ja auch dort, wo Sie die Mädchen hinhaben wollen, nämlich ins Bett.) Also seien Sie aktiv, unternehmen Sie etwas, um sich dem Mädchen zu nähern und wenden Sie dabei das an, was Sie in diesem Buch gelernt haben. Ich garantiere Ihnen den Erfolg. Sie werden hunderte von Mädchen anmachen. Schließlich haben Sie dieses Buch ja aus diesem Grunde gekauft. Wie man's macht, konnte ich Ihnen verraten, nur machen müssen Sie es schon selbst.

NEHMEN SIE IHR SCHICKSAL SELBST IN DIE HAND

Wie lange wollen Sie noch unter diesem tragischen Zustand leiden, daß es eine Menge von Frauen und Männern gibt, die nichts anderes von einander wollen, als Liebe und Sex und es nicht bekommen. Wie lange wollen Sie diese Kluft denn noch als unabänderliches Schicksal erleiden? Nehmen Sie ihr Schicksal selbst in die Hand.

Schmeißen Sie Ihre Befürchtungen über Bord, hören Sie auf, sich Sorgen darüber zu machen, was wohl die Frauen davon halten. Die wollen nämlich genauso gern, wie Sie. Seien Sie mutig, zeigen Sie ein bißchen Aktion und stürzen sich rein in das Vergnügen. Man lebt nur einmal.

Lassen Sie sich niemals vom Leben abhalten. Durch nichts. Es ist Ihr einziges Leben, und nur Sie sind dafür verantwortlich, wieviel Spaß Sie dabei haben. Und je mehr Spaß Sie haben, umso glücklicher und erfolgreicher sind Sie. Das ist die einfachste Rechnung der Welt und von der profitieren auch noch die Frauen.

Leben Sie einfach Ihre Träume, auch Ihre kühnsten Träume. Erfüllen Sie sich doch Ihre Wünsche. Treten Sie in Aktion, machen Sie die Frauen an, ohne die Liebe ist das Leben doch nicht lebenswert. Warum wollen Sie auf das Glück verzichten? Überlassen Sie Ihr

127

Schicksal nicht dem Zufall oder dem anständigen Benehmen. Wenn Sie Ihr ganzes Leben anständig verbringen, wird man Sie vielleicht am Ende als besonders moralisch achten, aber Vergnügen haben Sie dann nicht gehabt. Und was nützt Ihnen dann noch die Achtung?

Was haben Sie denn zu verlieren? Der „gute Ruf" interessiert doch nur diejenigen, in deren Leben es so langweilig ist, daß sie sich um andere kümmern müssen. Wenn man das Schicksal nicht in die Hand nimmt und die Gelegenheit nicht beim Schopfe packt, dann macht das Leben keinen Spaß.

Und gibt es schließlich ein größeres Vergnügen, als mit Frauen zu schlafen? Sie kennen kein größeres? Na, was hält Sie denn davon ab, alles dafür zu tun?

Sie haben nichts zu verlieren, aber alles zu gewinnen. Wenn Sie immer auf Nummer sicher gehen, haben Sie auch mit Sicherheit wenig Spaß in Ihrem Leben. Also, gehen Sie doch mal richtig ran. Tun Sie sich keinen Zwang an. Ihr Leben ist Ihre Chance und wenn Sie nichts anderes wollen, als glücklich zu sein, dann tun Sie etwas dafür, damit Sie es auch wirklich sind.

Und denken Sie daran, wie sehr sich die Frauen nach dem gleichen Glück sehnen. Wie gern sie angemacht werden und wie sehr sie die Männer mögen, auch wenn es manchmal nicht diesen Anschein hat. Und es gibt soviele tausend Gelegenheiten, die Initiative zu ergreifen und damit einfach Liebe, Sex, ja Glück erfahren.

Dazu wünsche ich Ihnen viel Glück. Und ich bin ganz sicher, daß Sie von nun an in Ihrem Leben sehr viel Erfolg haben werden.